电能替代
案例集

国网浙江省电力公司 组编

中国电力出版社
CHINA ELECTRIC POWER PRESS

内 容 提 要

为推动生态文明建设，控制煤炭消费总量，破解城市雾霾难题，落实国家电网公司"以电代煤、以电代油、电从远方来、来的是清洁电"的发展战略，国网浙江省电力公司在对电能替代项目进行实地调研和分析的基础上，编写了本书，以解决基层工作人员在推进电能替代中作中对电能替代技术了解不全面、应用不到位等问题。

本书分技术、分领域从案例摘要、项目背景、技术原理及方案、项目实施、效益分析、经验总结、推广前景等方面进行分析，全书共六章，包括以电代煤、以电代油、以电代气、岸电技术、其他电能替代技术和商业模式创新。

本书可供从事电能替代工程的技术人员或管理人员使用。

图书在版编目（CIP）数据

电能替代案例集 / 国网浙江省电力公司组编 . —北京：中国电力出版社，2017.6（2019.7 重印）
ISBN 978-7-5198-0801-3

Ⅰ.①电… Ⅱ.①国… Ⅲ.①电力工业–节能–案例–浙江 Ⅳ.①F426.61

中国版本图书馆CIP数据核字（2017）第 120308 号

出版发行：中国电力出版社
地　　址：北京市东城区北京站西街 19 号（邮政编码 100005）
网　　址：http://www.cepp.sgcc.com.cn
责任编辑：刘丽平　高　芬 fen-gao@sgcc.com.cn
责任校对：太兴华
装帧设计：郝晓燕　左　铭
责任印制：石　雷

印　　刷：北京博图彩色印刷有限公司
版　　次：2017 年 4 月第一版
印　　次：2019 年 7 月北京第二次印刷
开　　本：710 毫米 × 980 毫米　16 开本
印　　张：14
字　　数：188 千字
印　　数：2001—2500 册
定　　价：70.00 元

编　委　会

主　编　张　燕

副主编　应　鸿　　陈吉奂　　冯　华　　刘　强

　　　　　方智淳　　卜佩征

成　员　林朝华　　薛云耀　　张　旭　　徐健健

　　　　　李　磊　　沈　皓　　俞成彪　　汪宇怀

　　　　　张国连　　沈　健　　张鹏飞　　王　硕

　　　　　胡学忠　　张伟红　　张　腾　　邓　岚

　　　　　石　勇　　钟玲玲　　刘洪波　　李　爽

　　　　　徐金亮　　苏海智　　陈　奔　　陈立宇

　　　　　程益群　　吴志华　　罗跃挺

近年来，我国大气污染问题日益严峻，位于东部沿海地区的浙江省频繁出现雾霾天气，给人民群众的生活和健康造成严重危害，引起了社会各界的广泛关注。治理大气污染、促进节能减排、推动能源生产和消费革命、推进生态文明建设、实现经济社会可持续健康发展已成为广泛共识。

为深入贯彻国家大气污染防治政策和国家发展和改革委、国家能源局、财政部、环保部、住房城乡建设部、工业和信息化部、交通运输部、民航局联合印发的《关于推进电能替代的指导意见》（发改能源〔2016〕1054号）文件精神，推进生态文明建设，控制煤炭消费总量，破解城市雾霾难题，落实国家电网公司"以电代煤、以电代油、电从远方来、来的是清洁电"的发展战略，促进能源清洁化发展，提高电能消费终端比例，国网浙江省电力公司积极响应，在各行业、企业以及居民生活等领域创新开展电能替代工作，促进社会节能减排和大气污染防治，取得了积极的成效。当前，进一步加大力度，全面深入地开展电能替代工作，十分必要、十分紧迫。

为解决基层工作人员在推进电能替代工作中对电能替代技术了解不全面、应用不到位等问题，国网浙江省电力公司营销部组织下属地市公司及国网浙江浙电节能服务有限公司的技术人员，对浙江省内的电能替代项目进行了实地调研和分析，编写了本书。本书分技术、分领域从案例摘要、项目背景、技术原理及方案、项目实施、效益分析、经验总结、推广前景等方面进行了分析，为读者在实施同类项目时提供参考和借鉴。

限于编写时间和编者专业涵盖面，书中难免存在疏漏之处，望广大读者批评指正。

编　者

前言

电能替代工作简介

第一章　以电代煤

第二章　以电代油

第三章　以电代气

第四章　岸电技术

第五章　其他电能替代技术

第六章　商业模式创新

电能替代工作简介

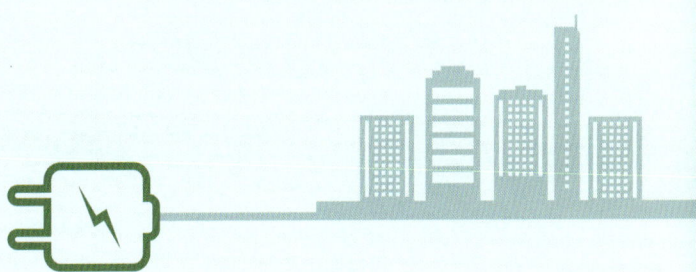

实施电能替代是保障国家能源安全的重要举措。我国国内能源资源与生产力逆向分布，能源结构以煤为主，油气资源严重依赖进口，能源开采以西部和北部为重心，这就决定了我国的优化能源资源配置主要是通过建设特高压电网，把西部、北部的电能资源大规模输送到东部，在能源终端消费环节通过实施以电代煤、以电代油、以电代气，减少我国能源对外依赖，保障我国的能源供给安全。

党和政府高度重视节能减排工作。党的十八大把生态文明建设纳入中国特色社会主义事业总体布局中，国务院常务会议部署了大气污染防治十条措施。浙江省政府出台了《浙江省大气污染防治行动计划（2013—2017年）》，把控制散烧煤规模、实施能源替代作为其中一项重要措施。研究表明，直燃煤（油）是造成环境污染的重要因素，电能在终端消费环节的转换效率和排放明显优于煤和油，煤炭就地转化为电能并进行集中排污治理的环保效果明显优于分散燃烧。

随着浙江特高压的建成投运，大量清洁的西南水电送入浙江电网，为浙江实施清洁电能替代创造了条件。通过近几年配电网建设的大量投入，浙江的配电网建设取得了长足进步，"卡脖子"、低电压、限扩区域逐步减少，成为电能替代工作全面推进的保障。

从2013年开始，国家电网公司提出实施电能替代战略，大力推广"以电代煤、以电代油，电从远方来，来的是清洁电"的能源消费理念。根据国家电网公司的相关部署，国网浙江省电力公司（简称公司）全力以赴做好这项重点工作，近年来已累计实现替代电量120亿kWh。

节能减排战略促进企业加快产业转型和升级，推动能源生产和消费的变革，减少化石能源消费，提高电能消费比重和社会能效水平。通过服务企业转变用能方式，以用能方式转变促进企业发展方式转变，公司实施电能替代将助力产业转型和升级。

浙江省终端能源消费结构的变化表明：煤炭占比日益降低，电力、石油、天然气等能源占比不断提高。20世纪80年代，浙江省煤炭终端消费的比重在60%左右，目前已降至 30% 以下。而电力终端消费比重从 20 世纪 90 年代中期的 15% 左右上升至 2013 年的 52.6%。2014 年，全省终端能源消费 18826 万 t 标准煤，比 2013 年增长 1.4%。全省终端能源消费中，煤炭、成品油及石油制品、电力、热力及其他的比重分别为 13.0%、21.1%、51.9% 和 14.0%。由于我国及浙江自身能源资源的禀赋，优质能源天然气的利用时间短，基础设施尚未配套完善，尽管近年来消费需求增长迅速，但是消费总量依然较少，占终端能源消费量的比重甚小。因此，优化浙江省终端能源消费结构，电力对煤炭的替代性不仅必然而且必需。

2014 年浙江全社会能源消费总量为 18826 万 t 标准煤，电力占终端能源消费比重为 51.9%。现根据产业划分情况对实施电能替代工作进行简要预测和分析。

（1）居民生活：能源消耗总量 2196.3 万 t 标准煤，其他能源包括天然气和液化石油气、极少量煤，用于做饭、洗澡、采暖等。主要替代方向为采用电厨具、电热水器、电取暖。

（2）第一产业：能源消耗总量 411.8 万 t 标准煤，主要是油和煤，一般用于农机、船用、排灌、养殖等。主要替代方向：电水泵替代柴油水泵，电加热（或热泵）替代燃煤进行养殖保温。

（3）第二产业：能源消耗总量 13628.9 万 t 标准煤，其中工业 12812 t 标准煤，工业用电 2597 亿 kWh，占比 68.1%。其他能源主要是油、煤和天然气。

（4）第三产业：能源消耗总量 3372.9 万 t 标准煤，主要是油、煤和气，一般用于交通、采暖、热水、烹饪。主要替代方向为推广电动汽车，机场、港口岸电，热泵采暖和制取生活热水，大功率电磁厨具，小型电锅炉制取蒸汽。

鉴于工业领域能源消耗占比全社会用能量较大，根据浙江省工业布局的特点，对重点用能行业进行分析如下：

（1）非金属矿物制品业。能源消耗总量 1109 万 t 标准煤，其中电力 126 亿 kWh，占比 10.9%。其他能源主要是煤、天然气、重油或石油焦。主要行业有水泥、玻璃、建材等。

这些都是典型的高能耗、高污染行业，也是环保重点整治对象。截至 2014 年底，全省水泥新型干法回转窑，运行的纯低温余热发电机组，总装机容量 37.4 万 kW，与 2013 年持平。浮法玻璃窑炉纯余热发电机组总装机容量 2.4 万 kW，比上年增加 0.75 万 kW。

（2）金属冶炼及压延加工业。能源消耗总量 1247 万 t 标准煤，其中电力 183 亿 kWh，占比 12.2%；其他能源主要是煤、天然气。在金属铸造、表面热处理等工业加工环节部分企业还在利用焦炭、煤制气、天然气等进行加热，不但环保要求难以满足，质量控制困难，而且成本并不低（主要是加热效率低，热损失大）。因此，燃料成本在企业经营成本中占比较小的金属精加工领域将是今后电能替代的重点方向。

（3）石化行业。能源消耗总量 2080 万 t 标准煤，其中电力 260 亿 kWh，占比 20.4%；其他能源主要是煤和天然气。石化行业电能使用占比较低，主要是工艺过程需要用到大量的高温高压蒸汽进行蒸馏和裂解，目前技术上电能很难甚至无法解决。

（4）纺织印染与造纸行业。能源消耗总量 1989 万 t 标准煤（纺织业能源消费总量 1412 万 t 标准煤，造纸业能源消费总量 577 万 t 标准煤），其中电力 316 亿 kWh，占比 19.5%；其他能源主要是煤和天然气。浙江是纺织印染业大省，与石化行业类似，纺织印染业中的蒸汽使用量很大，但压力和温度的要求都不高，目前大部分采用煤锅炉，在中小企业中采用电（气）锅炉的可行性是存在的。但是由于这类行业的污染较大，目前政府部分正在进行集中整治，以产业集群的方式进行行业升级改造，能源利用主要以集中供热为主。造纸行业集中度高，单个规模较大，一般都配套建设了自备热电机组，实行热电联产。通过推行园区级的集中供热措施，可以大大提高整体的能源利用效率，降低污染物的排放。

在促进电能替代工作开展过程中，公司充分发挥责任央企带头作用，坚决落实国家节能降耗、环境保护等方针政策，大力推进能源替代工程，通过推广应用热泵、电锅（窑）炉、电蓄能、电窑炉、应用电动汽车等技术，取得了积极的电能替代成效。

公司累计推广项目 1686 个，实现替代电量 40.02 亿 kWh。

浙江省经信委《关于加快实施电能替代的意见》（浙经信资源〔2015〕257 号）要求浙江省要大力实施电能替代工程，积极引导全社会用能单位煤改电、油改电，促进节能减排，推动绿色、低碳发展。国网浙江省电力公司在浙江省人民政府的领导下，积极做好各地区、各领域的电能替代工作。

第一章

以 电 代 煤

案例 1 临安某装饰纸材料有限公司典型案例

一、案例摘要

项目名称	临安某装饰纸材料有限公司"煤改电"项目		
投资单位	临安某装饰纸材料有限公司	技术类别	电加热设备
业主单位	临安某装饰纸材料有限公司	竣工日期	2016 年 5 月
投资模式	企业自投	项目投资（万元）	85
项目年收益（万元）	25.2	静态回收期（年）	3.37
年替代电量（万 kWh）	112	年增加电费（万元）	100.8
年减少当地污染物排放量	直接减少标准煤使用 1920t，减少二氧化碳、二氧化硫等污染物排放约 4900t		

二、项目背景

临安市是中国装饰纸之都，据不完全统计，全市共有大小装饰纸生产企业 50 余家。装饰纸生产工序中的印染环节需要将温度控制在 200℃ 左右，原先大部分企业加热方式是使用燃煤锅炉加热导热油，由导热油管将高达几百摄氏度的导热油输送到风箱，使冷空气变成 200℃ 左右的热空气来加热装饰纸，由此带来的各种问题也十分严重：①高温导热油由锅炉房输送到车间需经过较长的管道，中间容易发生泄漏，而车间原料纸都是易燃物，极易引发火灾，存在重大安全隐患；②使用燃煤锅炉和弯弯曲曲的管道，厂区车间整体外观脏乱差，生产环境恶劣；③燃煤锅炉排放大量二氧化碳、二氧化硫等污染物，严重污染整个城市空气质量，影响临安市"三美临安""天目蓝"建设。

2015 年 6 月，临安市政府出台《临安市高污染燃料小锅炉淘汰改造工作实施方案》，要求到 2016 年底，全面淘汰或改造 10t/h 以下高污染燃料小锅炉。2016 年初政府成立了工作领导小组,制定相关财政补贴,对原有燃煤小锅炉按期完成淘汰拆除,并对通过验收的企业给予奖励,将完成情况纳入镇级主要领导业绩考核,并建立通报制度,形成自查及现场检查机制。2016 年底完成全市范围高污染燃料小锅炉淘汰工作。

三、技术原理及方案

临安某装饰纸材料有限公司成立于 2004 年,是临安一家较大规模装饰纸生产企业,主营产品是装饰纸、地板纸和家具纸等。该企业共有 8 条装饰纸生产线,原先由一台 6t 的燃煤锅炉加热导热油供生产线加热使用,每月燃煤消耗约 160t。经过技术改造,8 条生产线均采用电加热方式,原先的燃煤锅炉及厂区布置的导热油管道全部拆除,每条生产线功率由原来的 100kW 增加至 220kW 左右,整个公司的变压器容量由 1200kVA 增容至 2200kVA。

改造前的 6t 燃煤锅炉

改造前排布在车间的导热油管末端

改造前贯穿车间的导热油管一角

改造后生产线上的电加热设备

改造后干净整洁的车间一角

四、项目实施

该公司"煤改电"项目由企业自主投资建设，电加热改造增容工程启动以来，临安市供电公司高度重视，迅速启动绿色报装通道，主动上门对接客户改造需求，实行专人全过程跟踪服务，用电检查人员结合企业历史用电情况和用电信息采集系统数据进行分析，指导用户开展用能优化分析，算好"安全"和"经济"账，打消了企业担心"煤改电"后用能成本大幅增加的经济顾虑。经分析计算，业主单位既有配电设施供电容量无法满足使用要求，需进行扩容升级，从增容申请到设备安装调试和验收，整个改造工作在一个月内完成。

五、效益分析

改造费用：该项目变压器增容工程费用约 30 万元，8 条生产线电加热改造费用约 140 万元，共计 170 万元。根据相关政策，2016 年 6 月前完成燃煤锅炉拆除的企业，浙江省、杭州市及临安市三级政府对 6~8t 燃煤锅炉的拆除补贴累计兑现为 80 万元，拆除的废旧锅炉变卖约 5 万元，故该企业此次改造费用自投入 170−80−5=85（万元）。

改造前加热运行费用：原有燃煤锅炉月消耗燃煤 160t，1 年消耗燃煤 $160 \times 12=1920$（t），燃煤市场价约 600 元/t；锅炉房共有 3 名锅炉工，月工资 3000 元/人，则燃煤锅炉年运行总费用为 $1920 \times 600+3000 \times 3 \times 12=126$（万元）。

改造后加热运行费用：变压器增容 1000kVA，但电加热方式的机器只是刚启动时接近满负荷运行，当温度达到预定温度后，后续恒温控制所需负荷不高，企业测算技术过硬的操作工操作印染机，每条生产线电加热方式所需额外负荷平均约 35kW/h，企业年运行小时数约 4000h，企业执行大工业电价，平均电价约 0.9 元/kWh，故该企业电加热方式的年运行总费用为 $35 \times 8 \times 4000 \times 0.9=100.8$（万元）。

综合对比：改造后每年运行成本节约为 126-100.8=25.2（万元），投入回报年限为 85/25.2=3.37（年），除去各种不确定因素，该企业保守投入回报年限是 4 年。

六、推广前景

经过改造后，该公司的生产方式变得灵活多变，以前 8 条生产线的导热油管是连通的，不管是开动一条生产线还是多条生产线，都要提前启动燃煤锅炉预先加热导热油，使整个 8 条生产线都处于待加热状态，造成能源浪费。现在可根据生产任务灵活选择启动几条生产线，每条生产线之间的加热环节互不影响，且无需提前启动机器加热，电加热方式更加快捷、稳定。

该公司整个厂区没有燃煤锅炉带来的烟尘、废气和噪声污染，车间里的导热油管全部拆除，更干净整洁，同时提高了厂区的生产安全系数，改善了车间生产环境。该公司不仅支持了国家节能减排政策工作的开展，也有力推动了自身清洁生产企业创建工作。

该公司"煤改电"项目改造后示范效果突出，临安市其他多家装饰纸生产企业上门参观学习并已启动相关电加热改造工作。该电能替代项目在整个装饰纸生产行业具有非常好的推广前景。

案例 2　杭州某橡塑有限公司典型案例

一、案例摘要

项目名称	杭州某橡塑有限公司锅炉"煤改电"项目		
投资单位	杭州某橡塑有限公司	技术类别	电锅炉
业主单位	杭州某橡塑有限公司	竣工日期	2016 年 1 月
投资模式	企业自投	项目投资（万元）	30.12
项目年收益（万元）	8.58	静态回收期（年）	3.5
年替代电量（万 kWh）	87.65	年增加电费（万元）	65.73
年减少当地污染物排放量	年均能源消耗折算成标准煤后，可减少标准煤使用 9.95t，减少二氧化碳、二氧化硫等污染物排放 1202t		

二、项目背景

企业概况：杭州某橡塑有限公司位于杭州市余杭区崇贤街道，拥有员工 100 余人，主要从事箱包布制造。

企业一角

1 改造前系统状况

该公司企业利用燃煤锅炉产生热源来进行布料印染，该企业共有 2 台共 13t 燃煤锅炉，年消耗燃煤 456t。

2 改造前用能系统存在的问题

燃煤效率不高，加热过程需要 2h；使用时容易产生粉尘和噪声污染；操作间温度高、工作条件差；使用燃煤锅炉要专门安排两人看管。

改造前的烟囱

三、技术原理及方案

1 技术原理

电锅炉本体主要由钢制壳体、电加热管、进出水管及检测仪表等组成。电锅炉采用电阻加热方式，即电流通过导体产生热量，采用电阻式管状电热元件加热，在结构上易于叠加组合，控制灵活，更换方便。

2 技术方案

选用电热锅炉 2 台，额定电压 380V，额定功率 200kW/ 台。

电锅炉图例

四、项目实施

该公司锅炉"煤改电"由企业自主投资建设，改造工程启动以来，余杭供电公司高度重视，经分析计算，业主单位既有配电设施供电容量无法满足使用要求，需进行扩容升级。余杭供电公司迅速启动绿色报装通道，完善供电方案，实行专人全过程跟踪服务，确保项目及时投运。利用公司"汪三劳模工作室"，多次组织对用户现场用电设备进行检查，帮助指导用户做好设备维护和现场安全管控，取得用户高度评价。

五、效益分析

该项目共投入 30.12 万元，其中电热锅炉 18.9 万元左右，相关配电设备改造费用 11.22 万元。电锅炉投入使用后，每年节约人力成本 12 万元，虽然用电成本比用煤略有上升，但热效率更高，也更环保。

六、推广前景

电热锅炉具有无污染、无噪声、占地面积小、安装使用方便、维护保养简单、运行成本低、启动迅速、自动化程度高、热效率高等优点，同时也符合国家节能减排政策的要求，有力推动了客户清洁生产企业创建工作。

该公司实现"煤改电"后示范效果突出，邻近的企业前来参观取经，表现出对电能替代的浓厚兴趣，询问相关建设运行情况，并有意进行改造，具有非常好的示范效应。

一、案例摘要

项目名称	安吉某家居用品科技有限公司电导热油炉改造项目		
投资单位	安吉某家居用品科技有限公司	技术类别	电导热油
业主单位	安吉某家居用品科技有限公司	竣工日期	2015 年 1 月
投资模式	用户自主投资	项目投资（万元）	19
年替代电量（万 kWh）	16	年增加电费（万元）	15
年减少当地污染物排放量	减少排放二氧化碳约 1310t、二氧化硫约 4.25t、氮氧化物约 3.7t		

二、项目背景

1 项目成立背景

浙江省安吉县现有竹产品配套企业 2400 余家，竹地板产量已占世界产量的 60% 以上，竹工机械制造业占据了 80% 的国内市场，并出口印度、越南及南非等 10 个国家。目前已经形成由原竹加工到成品的一条完整的竹材加工产业链，产业循环利用率高达 100%。

经安吉县经信委统计，安吉县内有 600 余家竹制品企业以燃煤锅炉为主要加热设备，这既对周遭环境造成一定程度上的影响与破坏，也制约了区域经济的可持续发展。近年来，随着公众环保意识的增强及国家相继出台了更加严格的环保法律及政策，安吉县竹制品产业的转型升级刻不容缓。为了进一步改善安吉县环境空气质量，保障人民身体健康，切实改善工业烟尘污染，同时响应习近平主席"绿水青山就是金山银山"的号召，安吉县政府相继出台了《安吉县锅炉专项整治工作实施方案》《安吉县竹产业综合整治提升行动实施方案》《安吉县推进工业企业小锅炉清洁能源升级替代工作实施方案》等政策文件，推动安吉竹产业转型升级和绿色发展。

安吉县供电公司积极联合县政府相关部门共同推进竹制品企业电能替代工程，前期以竹凉席加工企业为主，大力推广电导热油炉替代原有燃煤锅炉，目前已完成 13 家竹制品企业的电锅炉改造，增加配电容量 3000kVA。

2　替代前用能设备状况

安吉某家居用品科技有限公司是一家从事竹凉席加工的企业，于 2003 年成立，目前公司厂房面积 4000 多 m^2，职工 50 多人，年产值 3000 万元。

用户采用的燃煤锅炉主要用于竹席压布，燃煤锅炉约于 10 年前建成并投运，一台 1t 的煤锅炉设备效率在 75% 左右，设备年运行小时约 3000h，主要燃料以无烟煤为主，竹制品加工废料为辅，折合平均每小时耗煤 0.1t，年耗煤量 300t，年燃料费用 11.5 万元。

3　替代前用能系统存在的问题以及电能替代的需求

（1）替代前用能系统存在的问题。对于现在环保的高要求，燃煤锅炉最大的就是环境污染问题，尽管采用的无烟煤，但是二氧化碳的排放量仍然不能与电锅炉等节能型设备相比。其次，因锅炉运行需要专人维护，人力成本也是一笔不小的开支，而且锅炉燃烧存在一定的消防安全隐患。

（2）进行电能替代的需求及原因。2014 年 4 月，安吉县政府出台了关于《安吉县锅炉专项整治工作实施方案》的相关文件，在环保的要求下，引导锅炉企业主动选择电能，淘汰高污染、低效率的用能方式，要求其必须在两年内进行改造完毕。企业锅炉年限已久，存在消防安全，也是其改造的一大原因。

三、技术原理及方案

1　技术原理

（1）电导热油炉概述。电导热油炉又称导热油电加热器，是一种新型、安全、高效节能、低压（常压下或较低压力）并能提供高温热能的特种工业炉。其以电为热源，以导热油为热载体，利用循环油泵强制液相循环，将热能输送给用热设备后返回重新加热，如此周而复始，实现热量的连续传递，使被加热物体温度升高，达到加热的工艺要求。

（2）电加热导热油炉结构及原理。电加热导热油炉系统由防爆电加热器、有机热载体炉、换热器（可配置）、控制柜、热油泵、膨胀槽等组合成一个撬块，用户只仅需接入电源、介质的进出口管道及一些电气接口即可使用。

导热油炉是将电加热器直接插入有机载体（导热油）中直接加热，利用循环泵，强制导热油进行液相循环，将热量传递给用一个或多种用热设备，经用热设备卸载后，重新通过循环泵，回到加热器，再吸收热量，传递给用热设备，如此周而复始，实现热量的连续传递，使被加热物体温度升高，达到加热的工艺要求。

改造前燃煤锅炉

改造后电导热油电锅炉

导热油加热器采用数显温控仪控温，具有超温报警、低油位报警、超压力报警功能，它是化工、石油、机械、印染、食品、船舶、纺织、薄膜等行业中一种高效节能的供热设备。

优点：具有完备的运行控制和安全监测装置，能实行自动化控制；能在较低的运行压力下，获得较高的工作温度；热效率高，可达95%以上，控温精度可达 ±1℃；设备体积小，安装较灵活，宜安装在用热设备附近。

② 技术方案

用电导热油炉代替锅炉。

四、项目实施

在安吉县供电公司与县政府的积极推动下，主动对接企业，分析环境保护趋势，由用户自主投资改造，供电公司减免部分配电工程费用，政府补贴2万元。

本项目2014年11月改造，于2015年1月验收合格投入使用。

五、效益分析

（1）改造后年新增售电量约16万kWh、电费15万元左右，每年运行成本较燃煤锅炉高出1万元，但考虑到不会因环保问题被政府部门强制停产而造成损失，整体经济效益与燃煤锅炉基本相当。

（2）项目环境效益：每年节约300t标准煤，减少二氧化碳排放量约1310t、二氧化硫约4.25t、氮氧化物约3.7t。

六、推广前景

经安吉县经信委统计，安吉县内有600余家竹制品业企业仍以燃煤锅炉为主要生产设备，这些竹制品企业涉及竹拉丝、竹丝染色、竹凉席加工以及竹胶板等竹制品行业。安吉县供电公司前期以竹凉席加工企业为主要突破口，大力推广电加热导热油炉替代原有燃煤锅炉，已完成了13家竹制品企业的电锅炉改造，增加配电容量3000kVA。目前安吉县政府已出台《安吉县推进工业企业小锅炉清洁能源升级替代工作实施方案》，针对不同竹制品行业锅炉改造均有相应补贴，并要求2018年前完成全县所有燃煤锅炉的清洁改造。根据前期调研排查，全县300余家竹制品企业有改电意向或正在进行电锅炉改造，预计全部改造完成将增加配电容量50000kVA，年增加售电量10000万kWh以上。后期安吉县供电公司将以竹凉席行业电锅炉改造工程为模板，将电锅炉逐步推广到其他竹制品行业，配合政府完成竹制品全行业清洁能源升级工作。

案例 4　湖州德清某木皮厂典型案例

一、案例摘要

项目名称	湖州德清某木皮厂电能替代项目		
投资单位	德清某木皮厂	技术类别	电导热油
业主单位	德清某木皮厂	竣工日期	2016 年 7 月
投资模式	用户自主投资	项目投资（万元）	12
项目年收益（万元）	6	静态回收期（年）	2
年替代电量（万 kWh）	15	年增加电费（万元）	12.8
年减少当地污染物排放量	减少排放二氧化碳约 150t、二氧化硫约 4.5t、氮氧化物约 2.5t		

二、项目背景

1 政策背景

目前，木皮产业大部分使用燃煤锅炉加热，热能利用率低，噪声大，空气污染严重，更存在严重的安全隐患，企业使用的生产工艺落后、综合环境较差、管理不规范等问题严重制约了行业进一步有效发展。因此，为推进木皮行业健康持续发展，根据政府要求必须改进生产工艺和设备，推进使用电能或其他清洁能源。

2 项目生产用能情况

木皮是通过各种刨切机将木头刨切成一张张薄皮，根据刨切机生产方式的不同可分平刨木皮和旋切木皮。平刨木皮，就是刀平着来回刨切木头生产出来的木皮，这种木皮光滑平整，图案美观自然；旋切木皮，就是木头旋转着，刀具不动，就像刨铅笔刀那样刨出来的木皮，这种方式制作木皮，快速，木材损耗少，但是图案不是太美观，皮表面也不是很光滑。

通常，加工天然薄木采用刨切的方法。其工序流程为：原木→截断→剖方→软化（汽蒸或水煮）→刨切→烘干（或不烘干）→剪切→检验包装→入库。

背贴无纺布和牛皮纸使用较为广泛，这种背面贴布或者牛皮纸的木皮也叫无纺布木皮、牛皮纸木皮，其优点是柔韧、伏贴、便于使用，使用时不会拉碎或者扯破。天然木皮制作所用到的设备主要有锯、蒸煮池、刨切机、烘干机、裁切机，无纺布木皮需要热压机或冷压机，封边条木皮需要指接机等。

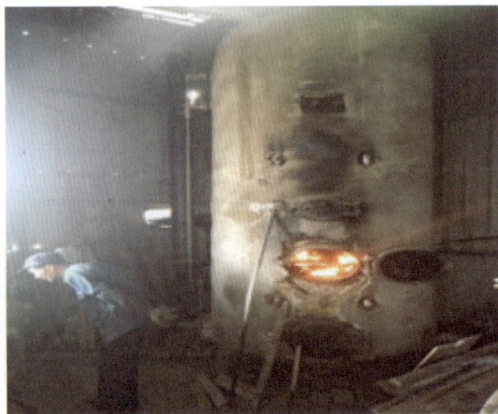

③ 项目改进建议

尽管木皮产业一直稳步发展，但是其中存在一定的问题。目前德清县某镇的木皮企业近180家，但绝大多数都是低、小、散的小微企业，企业生产设备比较简陋，员工技术水平也不高，在一定程度上制约了全镇木皮产业的发展。另外，当前木皮生产多使用以煤炭和木皮废料为原料的燃煤锅炉，严重影响周边环境，也存在一定的安全隐患。

为改变该镇木皮企业散乱的局面，促进木皮企业向正规化、公司化、规模化运作方式转型升级，2008年中国木皮城的建设被提上了日程。中国木皮城一期 a 区项目已在 2012 年完工，23 家木皮生产企业入驻，2015 年实现产值 2.5 亿元。一期 b 区 2016 年底完工，已有 8 家企业签约。木皮城总规划面积为 0.4km²，一期规划 0.145km²，2016 年又申报了 0.2km² 土地用于二期建设。

另外，针对目前小规模木皮企业生产使用高污染、低效率燃煤锅炉的现状，该镇以 G20 杭州峰会为契机，全力实施高污染锅炉淘汰改造工作，计划采用以电代煤、以气代煤和集中供热等方式，开启清洁生产模式促进企业转型升级。该镇木皮产业聚集区内生产企业有 170 余家，经过初步排查了解到 73 家木皮生产企业存在电能替代潜力。在逐一对接后确定 28 家企业有明确煤改电意向，合计改电蒸吨数 8.3t/h，折合新增供电容量 6018kVA。另有 30 家企业仍在研究采用何种清洁能源代替燃煤锅炉，也是需要主动争取的潜在对象，预计改电蒸吨数 12.05t/h，折合供电容量 8736kVA。

三、技术原理及方案

对于电导热油炉，热量是由浸入导热油的电加热元件产生和传输的，以导热油为介质，利用循环泵，强制导热油进行液相循环，将热量传递给一个或多种用热设备，经用热设备卸载后，重新通过循环泵，回到加热器，再吸收热量，传递给用热设备，如此周而复始，实现热量的连续传递，使被加热物体温度升高，达到加热的工艺要求。电导热油炉具有结构紧凑、体积小、质量轻、安装操作简便、加热升温快、无环境污染等特点，计算机自动控温，可在较低的工作压力下获得较高的工作温度。

木头烘干机

电导热油路

电导热油炉产品性能特点及技术参数表

工作温度	0 ～ 350℃
工作介质	导热油
工作压力	常压
设计压力	0.7MPa
供热能力	25 ～ 360kW（2万 ～ 30万 kcal/h）
产品规格	单台供热能力为2万、3万、4万、6万、10万、15万、20万、30万 kcal/h
燃烧方式	电加热
适用燃料	电 380V/220V
控制方式	机械化、全自动控制、比例调节、PLC 可编程及触摸屏控制技术等

电导热油炉具有低压（≤ 0.4MPa）稳定运行、计算机自动控制、热效率可达 90% 以上等优点，广泛地应用于石油化工、食品、塑料、橡胶、制药、油脂材料、建材工业、纺织印染等行业，是一种新型理想的供热设备。

四、项目实施

针对木皮产业集聚区，德清县公司组织了现场办公受理电能替代配套业务，为德清某木皮厂制定了供电方案，并形成了该镇木皮产业聚集区煤改电典型设计。

该企业位于德清县，主要为木皮加工，现用户设备锅改电，为电能替代项目。用户申请增容至 200kVA，属普通工业用电。

1 接入系统

（1）维持原 10kV 陆家 579 线某木皮厂支线 1 号杆 T 接点不变，该 T 接点跌落式熔断器下桩头为产权分界点；

（2）出资界面：自 10kV 电网公共连接点至用户受电装置部分的设施由用户出资。

2 受电系统

（1）量电方式：维持原高供低计计量方式，计量 TA 变比调整为 400A/5A；

（2）土建要求：原有配电房符合此次增容要求；

（3）线路要求：原有高压进线电缆符合容量标准配置；

（4）本次项目涉及高低压受电工程的设计，根据车间生产工艺、用电负荷组成及相关电气特性，委托有资质的设计单位设计。

五、效益分析

（1）项目年替代电量情况。新增售电量约 15 万 kWh，电费约 12.8 万元。通过提升产品质量为企业创造利润约 30 万元 / 年。

（2）项目环境效益。减少煤燃烧产生的二氧化碳、二氧化硫等气体的排放，同时减少煤灰对附近居民的生活影响。

六、推广前景

目前针对木皮业的电能替代工作正在进行中，众多木皮企业均有改电意向，电导热油炉推广形势较好。经过对某木皮业实施电能替代工作，积累的典型方案、典型造价、典型设计具有可复制性，在木皮业均可借鉴使用，项目推广意义深远。

湖州南浔区木制品企业典型案例

一、案例摘要

项目名称	湖州南浔区木制品企业锅炉"煤改电"改造项目		
投资单位	177 户企业自行投资	技术类别	工业供热电锅炉
业主单位	177 户木制品企业	竣工日期	2016 年 12 月
投资模式	用户自主全资	项目投资（万元）	1416
项目年收益（万元）	500	静态回收期（年）	3
年替代电量（万 kWh）	6000	年增加电费（万元）	4179
年减少当地污染物排放量	预计可节约 10 万 t 标准煤，减排烟尘 2 万 t、二氧化碳 30 万 t		

二、项目背景

1 项目成立背景

湖州市南浔区是全国闻名的木制品生产加工基地，南浔木地板产品已经辐射全国 30 个省市，木地板的产销量占到全国的 60% 以上，基本形成了"中国地板产业群"的发展格局和"中国地板看浙江，浙江地板看南浔"的市场格局。全区有 22 家企业的产品获得"中国驰名商标"称号，有 11 家企业的 11 件商标获得了"浙江省著名商标"，有 14 家企业的 19 个产品获得"浙江省名牌产品"称号。"南浔木地板"已被认定为浙江区域名牌和木业商标品牌基地称号。

南浔木地板产业被列为湖州市重点培育发展的六大重点特色产业之一。南浔区委、区政府也相继出台了《加快南浔木地板产业发展的若干意见》《南浔区 2009–2015 年木地板产业发展倍增计划》等扶持政策，大力推进木制品产业绿色、低碳、可持续发展。严格控制污染物排放，加强企业锅炉整治，积极改进生产工艺和设备，推进使用电能或其他清洁能源，禁止使用煤、重油、可燃废弃物、非压缩成型生物质等高污染燃料。

湖州供电公司积极跟进推广"煤改电"工程，客户服务中心在市公司统一指导下，配合南浔区政府，组成联合工作小组一起对"煤改电"工程前期工程进行了排摸、宣传，整理出需要治理的锅炉用户177余家，由此，南浔区木制品业"煤改电"工程正式开始。

② 替代前用能设备状况

改造前使用燃煤加热导热油锅炉，年运行2700 h，年消耗10万t标准煤。

③ 替代前使用能源

改造前使用烟煤，烟煤价格370元/t。

④ 替代前用能系统存在的问题

燃煤锅炉平均运行效率仅为60%~65%，企业每年排放烟尘2万多t，二氧化碳近30万t，是大型煤烟型污染源。为有效控制城区锅炉造成的烟尘、二氧化碳污染，改善大气环境质量，实施节能减排，南浔区掀起了燃煤锅炉专项整治活动，对于不符合标准的燃煤锅炉进行改造。

⑤ 进行电能替代的需求及原因

由于国家加强了环境保护措施，以及我国电力供应逐渐充沛，且电价差的空间大（许多城市推广阶梯电价），电锅炉以占地面积小，无噪声，无三废排放，安全高效，安装、操作、维修简单等燃煤锅炉无法比拟的优势迅速发展起来。同时"煤改电"的应用将为我国电力行业带来新的发展机遇，电锅炉替代燃煤锅炉，不但成为国际节能减排的重要手段，也将成为我国替代不可再生能源的必然趋势。

三、技术原理及方案

1 技术原理

（1）电锅炉的结构与原理。对于电导热油炉，热量是由浸入导热油的电加热元件产生和传输的，以导热油为介质，利用循环泵，强制导热油进行液相循环，将热量传递给用一个或多种用热设备，经用热设备卸载后，重新通过循环泵，回到加热器，再吸收热量，传递给用热设备，如此周而复始，实现热量的连续传递，使被加热物体温度升高，达到加热的工艺要求。电导热油炉具有结构紧凑、体积小、质量轻、安装操作简便、加热升温快、无环境污染等特点，计算机自动控温，可在较低的工作压力下获得较高的工作温度。

（2）电气原理如下图所示。

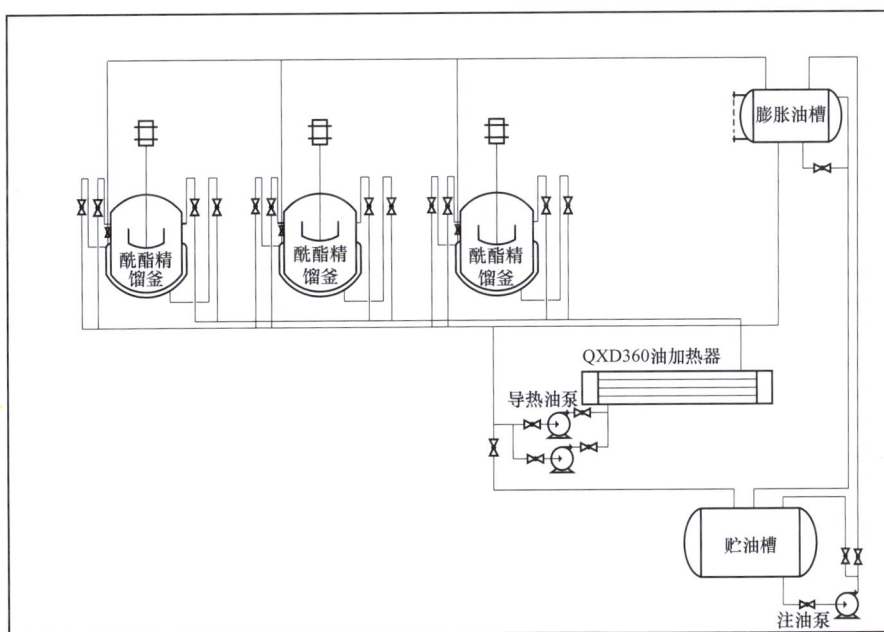

导热油炉流程示意图

（3）使用条件及优缺点。

1）电锅炉全套设备占地面积小，无需烟囱、燃料渣堆放场所。产品成套组装出厂，方便现场安装，在现场只需接上电源、水管，即可投入运行，可大大节省基建投资及安装费用。

2）热效率高、输送方便、损失少。电锅炉运行热效率在 95% 以上，启停调节方便，比燃煤锅炉更能节约能源。

3）自动化程度高、运行安全可靠。一般电锅炉都采用自动控制，快速平稳的控制电加热管组的循环投切，并且具有漏电保护、短路保护、过电流保护、过电压保护、压力超限保护、水位过低保护等多项保护功能。电锅炉产品实现了机电一体化，无需专职锅炉运行工、节省费用，避免了人为因素的影响而发生事故。

4）保护环境，造福大众。电锅炉不会排出如二氧化硫、二氧化碳等有害气体，无黑烟、灰尘，没有废物需要处理，无噪声、污染。

5）适用范围广。电锅炉产品规格品种多，可满足各种用途、各种环境和各种条件下的需要。还可根据用户的特殊要求进行加工订货。

6）迎峰度夏期间出于有序用电的考虑，会适当地避峰让电，限制了用电锅炉的发展。

（4）电能替代技术及原因。若把原燃煤锅炉通过技术改造成电锅炉，存在改造技术复杂、过程烦琐、改造费用高且国内外无成熟的改造技术支持等缺点，所以不建议采用。可根据原燃煤锅炉出力等技术参数彻底淘汰燃煤锅炉，购买一台同样效果的电导热油炉。

（5）电能替代技术的关键性能指标。

电导热导热油产品性能特点及技术参数表

工作温度	0 ~ 350℃
工作介质	导热油
工作压力	常压
设计压力	0.7MPa
供热能力	25 ~ 360kW（2 万 ~ 30 万 kcal/h）
产品规格	单台供热能力为 2 万、3 万、4 万、6 万、10 万、15 万、20 万、30 万 kcal/h
燃烧方式	电加热
适用燃料	电 380V/220V
控制方式	机械化、全自动控制、比例调节、PLC 可编程及触摸屏控制技术等

2 技术方案

（1）电能替代技术方案。直接更换相应容量的电锅炉。

（2）技术方案实施的要求。

1）电力设计。为减少电能损耗、便于接线和节省投资，电锅炉应邻近配电盘。配电开关及线路应与电锅炉的用电负荷容量相匹配。电源电压必须在工作电压220V/380V 的 5%~10% 范围内。配电线路可采用带 N 线和 PE 线的五芯电缆。

2）安装设计。容量大的电锅炉控制柜一般为离墙安装，单面（正面）操作，双面开门维修。根据 GB 50053—2013《10kV 及以下变电所设计规范》规定，背面离墙距离不应小于 1000mm，正面操作距离不应小于 1500mm。容量较小的电锅炉控制柜可靠墙安装，正面操作距离不应小于 1500mm。

3）接地系统设计。接地系统型式应采用 TN-S 系统。电源进线 N 线应做重复接地。电锅炉控制柜、水泵控制箱、电锅炉、水泵及其他电气设备的金属外壳、电缆电线穿线管等均应可靠接地，接地电阻要求小于 4Ω。

四、项目实施

1 项目实施背景

南浔区委为深入贯彻"两山"（绿水青山、金山银山）重要精神，按照省委省政府、市委市政府、区委区政府关于电能替代工作的总体部署，以能源转型升级和提质增效为核心，大力实施电能替代，促进节能减排，推动绿色低碳发展，重点整治南浔区木制品企业生产过程中，使用燃煤锅炉进行木制品热压的现象，整治方案为燃煤锅炉改造为电锅炉。

2 项目实施流程中应注意的重要问题

（1）木制品企业在用燃煤锅炉全部改为电锅炉后，将给现有的供电线路和配电设备运行造成很大的压力。

改造前煤锅炉

改造后电导热油锅炉

（2）改造企业大多为个体作坊，无专门的电器操作人员，用户普遍缺乏常规的电气知识，大量的电锅炉投入使用给企业日常管理带来压力。

③ 项目工期

全区需改造煤锅炉的木制品企业 177 户，于 2016 年 8 月改造完毕。

五、效益分析

① 项目投资模式

本项目由木制品企业经营户自主全资投资。

② 项目初投资、运行费用、经济效益

本项目投资 1416 万元，年节约标准煤 10 万 t，新增售电量 6000 万 kWh，新增电费收入 4179 万元，减少烟尘 2 万 t、二氧化碳 30 万 t。

六、经验总结

（1）研究确定了新型电能替代营销策略，探索形成了"政府主导、企业主动、供电主推"和"政府补贴一点、企业消化一点、供电优惠一点"（简称"三个一点"）的工作新模式。通过供电主推，急政府之所急，想用户之所想，促成政府主导明确采用电能替代方式，实施锅炉淘汰改造，通过"三个一点"引导用户主动选择电能替代。

（2）创新推出电能替代绿色通道服务举措。明确了电能替代项目认定、绿色通道管理办法，推出"快、好、省"的各项服务举措，开展专项工作推进和现场联合办公、集中受理、上门收取资料、联合查勘和统一答复，各部门、单位高度协同，有利助推电能替代工作开展。

（3）创新提出依托集体企业开展商业模式创新。针对电能替代项目形成典型设计和典型造价，集体企业出台多项举措支撑服务电能替代，撮合政府和集体企业签订电能替代工作推进框架协议，推动电能替代工作的同时扩大了集体企业市场份额，实现双赢。

七、推广前景

项目实施以来，在南浔木制品企业电能替代工作上取得突破，177 家小木业企业原有燃料锅炉累计 121.91t/h，预测改电增加配电容量 30876kVA，年增加售电量 6000万 kWh 以上。目前已集中受理 125 家，增加配电容量 24000kVA，后续企业受理正在办理之中。

产业集聚区电能替代工作的突破已形成一定的示范带动效应，周边乡镇、企业纷纷致电询问燃煤锅炉改电事宜，德清 70 余家木皮企业、织里 30 余家童装企业、练市 13 家服装企业、善琏 6 家丝织企业、善琏部分铸造业和旧馆部分木地板企业都表达了燃煤锅炉改电意愿，预计增加配电容量 30000kVA，年增加售电量 6000 万kWh 以上。

海宁市某裘革有限公司典型案例

一、案例摘要

项目名称	海宁市某裘革有限公司锅炉"煤改电"项目		
投资单位	海宁市某裘革有限公司	技术类别	低湿风干
业主单位	海宁市某裘革有限公司	竣工日期	2015 年 11 月
投资模式	用户自主全资	项目投资（万元）	300
项目年收益（万元）	100	静态回收期（年）	3
年替代电量（万 kWh）	180	年增加电费（万元）	72
年减少当地污染物排放量	节约煤 770t，减少烟尘排放 36 余 t、减少二氧化碳排放 1475 余 t、减少二氧化硫排放 6 余 t		

二、项目背景

① 替代前用能设备状况

经编、皮革、家纺产业是海宁三大支柱产业，海宁市某裘革有限公司是一家专业从事各类中高档毛革两用服装革、各类光皮手套革、服装革生产、销售的民营企业，其生产工艺能耗大、机器设备操作不方便、工效低、产品工艺质量控制能力差，严重制约企业的效益。在生产过程中运用 4t 的生物锅炉提供蒸汽，给皮革上浆染色后烘干处理。公司原有烘房 4 间（一层），单位烘房面积在 30m²，体积 700m³。

② 替代前用能系统存在的问题以及电能替代的需求

（1）替代前用能系统存在的问题。在这道工艺中，通过蒸汽将半成品皮进行烘干，燃料燃烧产生蒸汽及二氧化碳。整个过程中，蒸汽温度要求高（在 100℃以上），而且一批次半成品皮烘干时间长，需要加热 24 h。工艺过程温度、湿度难以精密控制，皮革处理后质量不稳定、皮质偏硬且蒸汽成本高。

（2）电能替代的需求。使用低湿风干工艺，通过制冷机对水进行制冷，供给除湿机对空气进行除湿；除湿后的空气通过风机供入烘房内，在烘房内进行内循环，吸出皮革中的潮湿物，对皮革进行除湿、抽干；在内循环过程后，湿度较高的空气排出。整个过程中，时间可以从原来的 24h 缩短到 6~7h，且均在晚上 10 点到次日 5 点（低谷用电期间）完成。能够使产品质量明显改善，质地发软，质量合格率明显提高。

三、技术原理及方案

（1）结合该公司的实际，本方案采用制革烘皮过程中的工艺创新（低湿工艺解决方案），用风干代替常规的蒸汽烘干方式，对部分蒸汽需求改造成了用电需求。

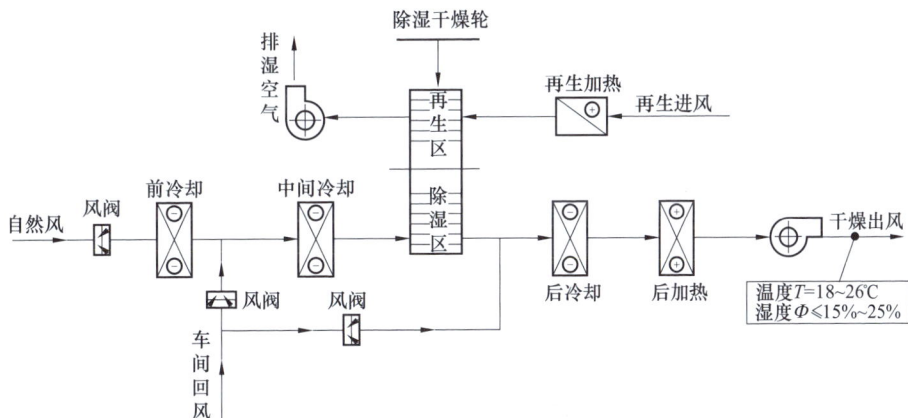

（2）采用新的烘干工艺，用电负荷增加 250kW，受电容量在控制范围内。

（3）配电线路利用原有的供电设备供电。

本项目一次性硬件投资 300 万元，由该公司自行解决。

四、项目实施

本项目于 2015 年 6 月开始施工，分两个阶段施工。第一个阶段在 6 月份完成对制冷机、除湿机等设备的安装调试；第二个阶段结合该公司实际生产情况，分别对四个烘房进行改造，改好一个使用一个，至 2015 年 12 月，烘房全部改造完成。在改造过程中，海宁市供电公司积极参与，做到"上门服务，技术指导"。对该公司的电力配备设备进行检查、测试、经济分析，并对配电设施进行技术改造。改造后，确保总体用电负荷在增加了容量后不造成变压器超载，变压器在最经济状态下运行。

五、效益分析

皮革烘干工艺的实施，减少了蒸汽的用量，从而减少了对锅炉的蒸汽需求，从根本上减少了炉渣、炉灰的排放，减少燃料在运输中的烟尘污染，有效改善了厂区内生产环境。年用电量约 180 余万 kWh，年电费约 72 万元；年节约标煤 770t，费用约 10万元，减少烟尘排放 36 余 t、减少二氧化碳排放 1475 余 t、减少二氧化硫排放 6 余 t。同时，新的烘干工艺以从原来的 24h 缩短到 6~7h，且均在晚上 10 点到次日 5 点，时间缩短且都在低谷用电期间完成。皮革产品的质量明显改善，质地发软，质量合格率明显提高。

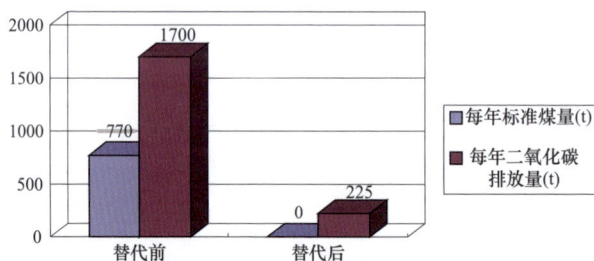

替代前后效果比较图

六、经验总结

该项目投资估算合理，从环保角度来看，电能替代燃煤锅炉是无污染的；从使用年限上看，成套设备都在 15 年以上；从运行成本上看，皮革烘干工艺是最先进的。

经过以上对比，制革过程工艺改造对于节能减排、环境污染，产品质量方面是可控的。

七、推广前景

通过项目实施的过程及总结分析可以看出，技术创新是企业经营过程的活力，依靠电力提供能源，对供电企业而言，可以增加售电量；对客户而言，一次投资少，可以节约支出，不仅为企业产品质量提供了保证，而且提高市场竞争力；对社会而言，减少污染物排放，达到清洁环保的目的。因此，皮革制造烘干工艺改进在皮革行业的大力推广使用可以真正实现"三赢"。

案例 7　海盐教育系统中小学"校园直饮水"典型案例

一、案例摘要

项目名称	海盐教育系统中小学"校园直饮水"电能替代项目		
投资单位	海盐县教育局	技术类别	直饮水
业主单位	全县各中小学校	竣工日期	2016 年 2 月
投资模式	政府财政拨款	项目投资（万元）	400
项目年收益（万元）	85	静态回收期（年）	4~5
年替代电量（万 kWh）	66.24	年增加电费（万元）	34.64
年减少当地污染物排放量	可减少二氧化碳排放 213.5t，减少二氧化硫和氮氧化物排放 1296.8kg		

二、项目背景

1 替代前用能设备状况

海盐县义务教育阶段中小学校共有 34 所，2014 年以前，学生日常饮水主要依赖桶装水，近年来，受"诺如病毒"等卫生事件影响，家长和学生对饮水质量问题高度关注，但传统的饮水机加热温度只有 75 ~ 90℃，不能完全杀灭水体中病毒，容易引发二次污染；此外，桶装水质量参差不齐，也难以令学生和家长放心。因此，对传统饮水设备进行升级改造势在必行。

2 替代前用能系统存在的问题以及电能替代的需求

（1）存在的问题。传统饮水机的温水会反复加热，既不利于节能，还会使得水中的微量元素、矿物质积累形成不可溶微粒，影响饮水健康。传统饮水机热水供应量偏少，不能满足课间学生集中饮水需求；饮水机配置点多面广，不利于集中管理，给后续日常清洁、消毒等管理带来不必要麻烦。

（2）电能替代的需求。近年来，各级教育主管部门高度重视绿色健康校园建设，对中小学生健康饮水问题也高度重视，海盐县教育局认真落实《浙江省教育厅办公室关于做好义务教育学校校园饮水质量提升工程有关工作的通知》（浙教电传〔2014〕169号）文件要求，将"校园直饮水"工程作为海盐县2015年教育部门的政府实事工程之一，决定对全县34所义务教育阶段中小学校全面启动"校园直饮水工程"建设，确保在2015年底前实现"校园直饮水"100%全覆盖，让学生们在学校喝上方便又卫生的温开水。

三、技术原理及方案

直饮水供水模式是利用成型的直饮水机，先对市政管网的自来水原水进行活性炭、反渗透、氧化、消毒等处理，然后利用电加热到100℃，再经过节能化冷却，最后达到40℃左右向师生供应，水温可根据季节在34~50℃自动调节。

直饮水机不仅水质健康，而且十分安全。为了防止学生触碰烫伤，直饮水机开水龙头是锁定的，需要通过钥匙来开关。如果设备里的水没有烧开，温水是放不出来的，只有等水完全烧开煮沸、再经过内部冷却后，才能放出适宜的温开水。

按照直饮水机一般一个水龙头供50人使用的配置标准，根据在校学生规模不同，每个学校分别配置8~17台不等，全县义务教育阶段学校共需要配置各型直饮水机276台。

工程总投资400万元，全部由海盐政府财政支付。

四、项目实施

海盐县义务教育阶段中小学校"校园直饮水"工程自2015年9月启动以来，得到国网海盐县供电公司大力支持，海盐公司主动对接教育主管部门，针对"校园直饮水"工程建设过程中涉及的用电扩容需求，在供电营业窗口开辟绿色报装通道，快速受理客户报装申请,设置专职客户经理全过程跟踪服务,落实"一站式"办电要求,主动做好用电服务指导,确保"校园直饮水"工程无障碍接入。

同时海盐县供电公司充分利用快响平台资源调度功能,针对学校用电特点,在预约安排时主动避开学校敏感用电时段,最大限度减少因停电给学校教学、生活带来的影响,有力保障了工程建设顺利推进。

截至 2016 年 2 月底,全县 34 所义务教育阶段中小学校累计安装各型直饮水机 276 台,实现了"校园直饮水"100% 全覆盖。

电力工作人员为直饮水机进行线路改造敷设

安装在教学楼层的直饮水机

五、效益分析

(1)经济效益。对比于其他饮水方式,直饮水机更加节省成本,更为划算。以前,班级里的桶装水是校内饮水的主要来源。以海盐某小学为例,全校有 39 个班级,以前喝桶装纯净水,一个班每天两桶左右,夏季饮水需求更大,一桶水就要十多块钱;而工程完成后,直饮水机由政府购买服务,学校只需花水电费就能解决学生六年的喝水问题,既安全放心又经济实惠。

(2)环境效益。海盐教育系统中小学"校园直饮水"工程累计安装直饮水机 276 台,按照平均每台直饮水机 5kW、每天工作 2h、一年 240 天测算,全年累计用电量

66.24 万 kWh，折合标准煤 81.5t，可减少二氧化碳排放 213.5t，减少二氧化硫和氮氧化物排放 1296.8kg，具有良好的环境效益。

（3）社会效益。"校园直饮水"工程涉及海盐义务教育阶段约 3.5 万名在校学生健康饮水问题，受益群体广，家长关注度高，社会反响强烈，是老百姓看得见、摸得着、感受得到的政府实事工程，具有良好的社会效益。

六、经验总结

（1）做好用电安全特色服务。校园直饮水工程学校方最看重的是安全，海盐县电力公司在推进电能替代工作过程中，与所在学校建立用电安全结对关系，除传统用电安全服务外，结合地域特色，推出"三毛"电力科普漫画集，开办"三毛"话安全用电漫画展，做好用电安全特色服务。

（2）做好媒体宣传推广。教育系统中小学"校园直饮水"项目实施后，先后在《浙江日报》《嘉兴日报》、浙江省电力公司门户网站、浙江电力手机报等系统内外媒体发表，取得了良好的成效，也为接下来的推广奠定良好舆论基础。

七、推广前景

近年来，健康校园理念越来越深入人心，校园饮水质量作为健康校园的有机组成部分，也愈发受到教育主管部门的重视。推广实施"校园直饮水"工程，无论是改善义务教育学生在校期间饮用水质量，确保广大学生的健康成长，还是从绿色健康校园建设角度出发，都具有良好的现实和长远意义，具有非常好的推广前景。

案例 8 嘉兴某食品公司农业种植及蔬菜脱水加工典型案例

一、案例摘要

项目名称	浙江某食品有限公司农业种植及蔬菜脱水加工典型案例		
投资单位	浙江某食品有限公司	技术类别	蔬菜速冻技术
业主单位	浙江某食品有限公司	竣工日期	2015 年 12 月
投资模式	企业自投	项目投资（万元）	580
项目年收益（万元）	117	静态回收期（年）	5
年替代电量（万 kWh）	96	年增加电费（万元）	83
年减少当地污染物排放量	年均减少能源消耗折合标准煤 118t，可减少二氧化碳排放 309t，减少二氧化硫、氮氧化物排放 1876kg		

二、项目背景

1 企业概况

嘉兴某食品有限公司是一家主要以加工脱水蔬菜为主的省级骨干农业龙头企业，共拥有 5 条脱水蔬菜生产流水线、3 条全自动烘干线，产品主要出口日本、韩国、印度及台湾地区，该公司还下辖 1 个 $0.2km^2$ 的农业蔬菜大棚基地，为企业生产提供高品质蔬菜加工原料。

2 改造前系统状况

（1）该公司原生产工艺主要通过某热电有限公司提供的管道蒸汽对蔬菜进行脱水加工处理，日均消耗蒸汽 350t，全年耗用蒸汽量 45000t 左右（注：蔬菜加工受季节性因素影响，全年有效生产时间 120 天左右）。按照 200 元/t 的蒸汽价格，年消耗费用约为 900 万元。

（2）蔬菜基地物理降温措施多限于加盖遮阳网，喷灌多限于漫灌。

3　改造前用能系统存在的问题

（1）原生产工艺主要利用管道蒸汽加热发热器，通过鼓风系统，对清洗漂烫后的蔬菜进行脱水加工。存在问题：①生产过程中经过多个换热设备和多次热能的交换，导致热能的有效利用率偏低；②生产加工车间常年高温、高湿，工作条件差。

（2）蔬菜大棚基地电气化水平偏低，不适应高附加值作物种植管理。

改造前蒸汽脱水生产线一角

三、技术原理及方案

1　技术原理

（1）蔬菜速冻技术是以蔬菜中水分快速结晶为基础，迅速降低蔬菜温度的技工技术，通过 $-1 \sim -5℃$ 的最大冰晶生成带，使蔬菜中心温度迅速降低到 $-18℃$ 以下，蔬菜细胞间隙中的游离水和细胞内的游离水及结合水与天然食品中的分布极为接近，因此能最大限度保持蔬菜原有的新鲜度、色泽风味，此技术是目前公认的最佳蔬菜储藏加工技术。

（2）对蔬菜大棚加装电气化设备，提高电气化、自动化水平。

2 技术方案

（1）通过对生产工艺进行全面升级改造，引入并建成全自动速冻生产线2条，配套冷库10个，形成蔬菜清洗—漂烫—冷却—速冻—存储的全新加工链。

（2）加装湿帘降温系统、风扇排风系统、电动喷淋系统，提高农业种植电气化水平。

四、项目实施

该公司农业种植及蔬菜脱水加工由企业自主投资建设，改造工程启动以来，海盐供电公司高度重视，迅速启动绿色报装通道，快速受理客户报装申请，专职客户经理全过程跟踪服务，落实"一站式"办电要求，主动做好用电服务指导，确保客户受电工程无障碍接入。改造后的生产线及农业大棚如下图所示。

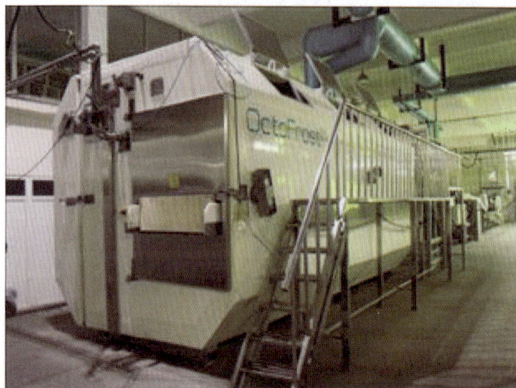

改造后引进瑞典的单体速冻机

电动湿帘降温系统

风扇排风系统

电动喷淋系统

五、效益分析

该公司生产技术改造总投入约 1200 万元，升级改造后形成了蔬菜清洗—漂烫—冷却—速冻—存储的全新加工链及蔬菜基地的电气化、自动化管理。与改造前相比，同样生产 15000t 蔬菜产品，原工艺需要耗用蒸汽 10000t，费用约 200 万元；使用电能清洁替代后，一次性投资费用约为 83 万元，年收益达 117 万元，年均能源消耗折合标准煤 118t，可减少二氧化碳排放 309t、减少二氧化硫、氮氧化物排放 1876kg。

六、经验总结

（1）推出电能替代绿色通道服务举措，推出"快、好、省"的服务举措，开展专项工作推进和现场联合办公、上门收取资料、联合查勘和统一答复，各部门、单位高度协同，有利助推电能替代工作开展。

（2）建立跨部门协同工作机制，协调解决工程实施过程中遇到的问题，确保客户电气化改造顺利推进。

（3）加强日常用电安全服务。用电检查人员定期上门开展现场安全服务，确保用电安全无虞。

七、推广前景

在农业种植及农产品加工领域推广电能替代，提升农业及农产品加工的电气化水平是转变农业发展方式，提高农业经济效益、生态效益、社会效益和可持续发展的重要举措，也是支持国家节能减排的重要举措，在规模化种植及农产品深度加工领域具有良好的推广前景。

案例 9 丽水某钢铁制品有限公司典型案例

一、案例摘要

项目名称	丽水某钢铁制品有限公司连铸连轧项目		
投资单位	丽水某钢铁制品有限公司	技术类别	连铸连轧技术
业主单位	丽水某钢铁制品有限公司	竣工日期	2016 年 1 月
投资模式	用户自投	项目投资（万元）	560
项目年收益（万元）	980	静态回收期（年）	0.5
年替代电量（万 kWh）	3458	年增加电费（万元）	1760
年减少当地污染物排放量	减少二氧化碳、二氧化硫等污染排放 1.7067 万 t		

二、项目背景

丽水某钢铁制品有限公司以生产各种规格螺纹钢和线材、建筑用钢和工业用钢为主。钢坯加热是整个轧钢工序的主要环节，为满足钢坯的加热质量和产量，适应轧线的装备水平，该厂采用煤气加热炉对钢坯进行轧制前加热，4 台燃煤加热炉于 2013 年 6 月建成投运，平均每天使用 10h，设备年运行约 3500h，平均单台年耗煤 1380t 以上，平均每台月耗煤 115t，用煤单价按 800 元 /t 计算，4 台燃煤加热炉每月使用成本共为 36.8 万元，年用煤成本 441.60 万元。

存在的问题：①燃煤加热炉成本高，煤价波动大，使用煤成本不断变化，不利于成本控制；再者炉温的均匀性差，有时达不到温度需求，影响产品质量。②燃煤加热炉需要人工操作添加燃料，劳动强度大，效率低，不安全因素较多。③燃煤对环境污染较大，政府环保部门要求节能减排进行清洁能源改造，实现节能减排，降低生产成本，提高企业经济效益。

三、技术原理及方案

1 技术原理

将燃煤加热炉二次加热替换为"连铸连轧"技术，即将钢坯经过提温临界处理后，直接由高速电机传送滚道将钢坯送至轧口进行钢材轧制。

2 技术方案

建立钢坯传送滚道，连续自动将铸造钢坯传送至轧口，电机传送滚道全长240m，为加快钢坯传送速度，需要由24台电机带动，每台电机需提供100kW以上电源。

连铸连轧移钢机

电窑炉

四、项目实施

该公司作为丽水市大型钢铁企业，一直有着很高的用能需求。在此之前，该公司的制造流程是将钢坯在定型车间冷却后，以门式起重机运输到燃煤加热炉进行二次加热，随后再将钢坯传送进轧钢车间进行各类钢材的生产。

电力公司客服人员在经过多次实地调研后指出，该工序中燃煤加热炉二次加热耗费大量的水、燃煤及人工，效率低下且不够环保、安全性能差，建议进行节能优化改造，将燃煤加热炉二次加热替换为"连铸连轧"技术。

对于增加的 2400kW 用电设备容量，可通过充分利用现有 160000 kVA 专用变压器容量，使变压器达到经济运行的效果实现。经过大量分析、研究和讨论，该公司最后采纳了电力公司的建议，进行了"连铸连轧"以电代煤项目的实施。

五、效益分析

1 技术效益

该公司通过实施燃煤加热炉二次加热替换为"连铸连轧"技术项目，为企业节约煤炭、水和人工成本。按年生产钢材 100 万 t 计算，每吨钢材用煤 50kg，节约用煤成本 400 万元、水成本 240 万元，减少人费用，降低了企业生产成本，年收益增加 980 万元，1 年时间就可以收回项目投资成本。

2 社会效益

降低了空气的污染，减少了二氧化碳的排放量。以清洁电能替代燃煤炉，没有任何有害物质产生，对防止大气污染，治理雾霾起到一定的作用，有效地推进了节能减排工作。

六、经验总结

项目实施前，铸造和轧制过程不连续、自动化程度低，轧制前需对钢坯进行重新加热至工艺要求的轧制温度。通过"连铸连轧"技术实施，极大减少了铸造环节同轧制环节的流转时间，钢坯无需再次加热，节省了二次加热的天然气资源，同时提高了生产效率，减少了生产环节，安全性能提高，简化了生产流程，具有较高的收益和投资回报。

此类电能替代项目效果明显，且投资少，收益高。通过以电代煤减少大气污染物排放，今后将针对全县的金属制品加工、铸造等企业进一步挖掘并进行推广。

该项目实施符合国家、省市产业政策，符合云和县总体规划，项目采用行业先进的生产工艺和设备，采取相应的各项节能措施，符合国家和行业节能设计规范、节能监测标准和设备经济运行标准。

七、推广前景

丽水华宏钢铁制品有限公司连铸连轧项目的实施，极大减少了铸造环节同轧制环节的流转时间，钢坯无需再次加热，节省了二次加热的天然气资源，提高了企业生产效率、经济效益。在节能减排上起了较大的作用，减少污染物排放，也是支持国家节能减排的重要举措。此类项目电能替代效果明显，作为钢铁加工行业内部技改措施进行推广，具有良好的前景。

案例 10　浙江某金属制品集团有限公司典型案例

一、案例摘要

项目名称	利用井式电阻炉实现"以电代煤"项目		
投资单位	浙江某金属制品集团有限公司	技术类别	井式电阻炉
业主单位	浙江某金属制品集团有限公司	竣工日期	2015 年 7 月
投资模式	用户自主全资	项目投资（万元）	400
项目年收益（万元）	95	静态回收期（年）	4.5
年替代电量（万 kWh）	1200	年增加电费（万元）	910
年减少当地污染物排放量	减少当地污染物排放量 3000t		

二、项目背景

1 替代前用能设备状况

浙江某金属制品集团有限公司主要生产钢丝，通过高温将钢带拉成钢丝，煤炉材料采用煤燃烧成，燃料价格 300 元 /t，于 2015 年 7 月投运，窑炉年运行小时 8640h，煤炉年燃料耗量 1200t。

2 替代前用能系统存在的问题

用燃煤炉加温生产技术落后，耗能高，不仅成本高、环境污染大，而且温度、质量还很难控制，工艺落后，影响了质量和产量，容易造成环境污染。

3 进行电能替代的需求及原因

生产技术落后、耗能高、环境污染严重的生产企业将被国家列为限制生产和限制使用的产品。一是市场发展及企业自身节能需求，"煤改电"完成后，虽然电费提高，但是经济效益、社会效益都提高了。二是国家制定了相关的配套政策，对污染比较严重的企业进行限排。

三、技术原理及方案

1 电能替代技术的关键性能指标

井式电阻炉是用于金属部件热处理加热之用,炉膛内侧分区控温,具有升温快、保温性能好、省电、省时、装卸料操作方便、劳动强度低等优点。较好地解决了煤炉热量难控制,炉温均匀性差,产品质量不易控制等问题;同时解决了环境污染大,政府环保部门要求节能减排进行清洁能源改造问题。

2 可行性分析

项目拆除原有的传统煤窑,购置井式电阻炉 30 台,每台容量 150kW,合计容量 4500kW,设备年用电小时数 3600h。根据现场用电情况,用户电阻炉占用户电量的 46% 左右。窑体温度由计算机控制,采用连续化作业降低成本能耗。电阻炉加热快、保温效果好,实施改造后产品生产成本降低、产量提升、市场竞争力强。变压器容量从 8130kVA 增容到 13130kVA,预计替代的电窑炉年用电量 1200 万 kWh。

改造前

改造后

四、项目实施

1 项目实施流程

项目前期通过实地调研,会同政府相关部门深入企业内部了解实际生产需求,联系厂家编制改造实施方案，并参与设计单位进行本次设备改造的可行性论证，明确电阻炉设备型号及容量，同步安排供电方案，做好供电保障措施，业主完成设备采购和设备安装调试工作，最终顺利投入运行。

2 项目工期

该项目从设计到投产历时 5 个月，从 2015 年 3 月开始，2015 年 7 月 29 日已完成技术改造项目。

五、效益分析

实施改造后，采用智能加温保温系统，电阻炉各段温度均匀，拉成的钢丝质量好。整个工艺流程简单、科学、合理，减少了大量人工，降低了转换过程中出现的损耗，提高了产品的合格率，具备了产量高、质量优、规格全、用工省、节能减排突出、劳动环境好等特点，比传统炉节约能耗 40% 以上。年可节原煤减少年燃料耗量 3000t，成本下降 30%，预计项目年收益 95 万元。

六、经验总结

本项目采用"新型环保井式电阻炉"及智能调控系统，窑炉温度均匀，产品质量好，年项目效益高。符合国家、省市产业政策，符合遂昌县总体规划。项目采用行业先进的生产工艺和设备，采取相应的各项节能措施，符合国家和行业节能设计规范、节能监测标准和设备经济运行标准。

七、推广前景

金属制品公司技术改造项目，改变传统的煤炉加温，运用电阻炉加温快，保温效果好，污染少，建设期短，生产成本低，产品质量好，市场竞争力强，产品市场前景广阔。

案例 11 慈溪全市农村茶水房锅炉典型案例

一、案例摘要

项目名称	慈溪全市农村茶水房锅炉项目		
投资单位	各村、社区经济合作社	技术类别	一体式电茶水炉
业主单位	各村、社区经济合作社	竣工日期	2016 年 12 月
投资模式	用户自投	项目投资（万元）	0.4（单个）
项目年收益（万元）	0.14（单个）	静态回收期（年）	3
年替代电量（万 kWh）	0.54（单个）	年增加电费（万元）	0.3（单个）
年减少当地污染物排放量	年减少标准煤约 1.7t（单个项目），全部 800 个项目减少标准煤约 1360t，共减少二氧化碳排放约 3563t		

二、项目背景

慈溪市农村无证锅炉售卖开水的历史由来已久，由于需求量大，锅炉点数量一度十分庞大，据不完全统计，全市有超过 400 个锅炉点，由此带来的各种问题也十分严重。一是无证燃煤锅炉长期缺乏维护，可靠性较低，存在很大的安全隐患，并且位置一般位于住户集中区，一旦发生安全事故，后果不堪设想。二是锅炉一般以燃烧煤、建筑材料、垃圾等为主，污染十分严重，且违章搭建严重，影响慈溪市"美丽乡村""品质之城"建设。三是售水点整体卫生环境差，水源不明，过滤设备缺失，卫生条件不容乐观，并且整体外观"脏乱差"，极大影响了新农村面貌。长久以来，由于锅炉点数量大，流动性强，尽管政府相关部门高度重视，开展相应管理整治，但成效始终不大。

2016 年初，慈溪市市委书记特意批示要求做好农村无证锅炉点的取缔工作，并重点提出要防止取缔点的死灰复燃。对此，政府部门高度重视，2016 年 2 月，市政府办公室下发《慈溪市人民政府办公室关于印发慈溪市茶水供应点专项整治工作方案的通知》（慈政办发〔2016〕21号），成立了工作领导小组，专项行动命名为"喝护行动"，制定财政补贴，对每个售水点提供1000~3000元的财政市镇两级补贴，完善工作机制，将完成情况纳入镇级主要领导业绩考核，并建立通报制度，形成自查及现场检查机制。

2016年底已完成全市范围淘汰工作。

三、技术原理及方案

由各村（社区）经济合作社投资外围设备，在公用土地上形成选点布点，全市采用统一的一体式茶水房。采用一体化设计，集成化、模块化、标准化，有利于成本控制，配备门禁系统，提供刷卡支付服务，集成加热、过滤、显示屏三项装置，其中显示屏用于广告投放，形成增值服务。茶水房不仅有两级补贴，另外根据其公益性质，采用了居民合表电价和居民水价。

一体式茶水房

以用户自行投资为例，不包括外围木房，设备价格7000元，补贴3000元。单瓶热水容量2L，农村居民水价约5元/m³，成本为0.01元/瓶。

单瓶热水从 0℃ 加热 100℃，经焦耳定律计算，耗电 0.24kWh，考虑热转换效率及保温损耗，耗电 0.27kWh，电费成本 0.15 元 / 瓶，则水电成本单瓶为 0.16 元。

以每天售水 100 瓶计算，一年 36000 瓶，单价 0.2 元，收入为 7200 元，成本为 5760 元，利润 1440 元。投资成本 =7000（设备）–3000（补贴）=4000 元。约 3 年可收回成本。

每年节约煤炭 6t，减少二氧化碳排放 0.26t。

四、项目实施

2015 年上半年，当地经信局提出全市燃煤锅炉三年淘汰计划，慈溪供电公司高度重视，开展全市范围内的燃煤锅炉现状摸排，各供电所结合现场走访，深入锅炉现场，将农村无证茶水点煤锅炉在安全、环保、卫生方面的突出问题向营销部进行了反馈。营销部仔细分析当地无证煤锅炉分布特点，邀请了省节能公司对现场数个点进行了查勘，根据现场特点，淘汰了电锅炉替换方案（不具备增容条件同时投资较大），在设备选型及替代方案上充分向当地政府进行了咨询、沟通，听取了有关建议，同时查询了其他区域的解决方案，借鉴参考了过往经验，充分考虑净水器设备生产行业的突出优势，邀请了国内知名净水器企业参与方案讨论，对替代产品的经济性、合理性进行了充分论证，对成本、效益进行了重点分析，提出了单品售价不变的原则，同时对电价、水价以及补贴力度等提出初步建议，并最终形成了替代方案，向市政府有关领导进行了汇报，政府短时间批复并同意了初步方案，提出在宗汉街道先期试点的工作思路。

2015 年 7 月在宗汉街道开展试点工作，工作开展顺利，至 2015 年 12 月已完成了整个宗汉街道 43 个点的新建布置，在布点、安装建设、试运行经营等方面累积了宝贵的经验，2016 年 3 月起，慈溪市委书记批示开始全市推广，预计到 2016 年底全面完成全市建设目标。

五、效益分析

除经济效益外，从社会效益来讲，一体式茶水房主要服务对象为老人及外来务工人员，居民可向就近的商店购买预付卡，刷卡结算，支付方便快捷，自动定量出水，安全可靠；另外配备门禁系统，提升防盗措施。同原售水点相比，不仅更加卫生、安全、便捷，而且价格持平，获得群众一致好评。一体式的茶水房外观美观、整齐、统一，命名标准化，有利于农村面貌的整体提升。

六、经验总结

该项目是慈溪供电公司紧跟当地政府淘汰政策，在明确政府淘汰力度、淘汰决心的前提下进行的尝试。首先方案制订和产品选型是通过充分、科学论证的，对涉及的布点用地的防盗、经济性、经营销售网络等问题进行了充分的研究，借鉴了先前成功的案例，深入现场，听取当地老百姓和村委的意见建议，同时重点依靠当地龙头企业及省节能公司的技术支持，形成完善了替代方案。方案中涉及的补贴、电价水价的优惠措施也有充分的数据支撑及分析，体现了方案的合理性、可行性、科学性。由于公司领导及市政府领导的高度重视，工作推进比较顺畅，时间上也较预期快。总体而言，这项工作很有意义，既实现了公司电能替代电量增售，也解决了政府在农村安全、环保方面的突出问题，替换工作彻底有效，杜绝死灰复燃，对投资者有效益上的吸引力，同时提高了当地村民生活品质，改善了农村面貌，形成四方共赢。

七、推广前景

对改善农村面貌、美化环境、改善农村居民生活品质有积极的促进作用，是一项实实在在的惠民措施。同时，新的售水点通过服务、价格优势，以市场为导向，自动淘汰原锅炉售水点，很好地解决了原燃煤锅炉无证经营监管困难，淘汰、整治难度大，安全隐患大，污染严重，卫生条件差等问题。

宁波奉化金属热处理行业典型案例

一、案例摘要

项目名称	宁波奉化推动金属热处理行业锅炉"煤改电"项目（约7个）		
投资单位	各村、社区经济合作社	技术类别	电锅炉
业主单位	各村、社区经济合作社	竣工日期	2016年底前
投资模式	用户自投	项目投资（万元）	20（单个）
项目年收益（万元）	5（单个）	静态回收期（年）	4
年替代电量（万kWh）	15（单个）	年增加电费（万元）	8（单个）
年减少当地污染物排放量	年减少废气（二氧化碳、二氧化硫）排放5.132万t		

二、项目背景

奉化经济以服装、金属加工、旅游三大产业为基础，分别对应的潜在电能替代类型为电锅炉、电窑炉、热泵（酒店），因此这三个行业是电能替代重点行业，下表为奉化地区电能替代行业分析表。

奉化地区电能替代行业分析表

编号	替代类型	行业	设备	分析
1	电锅炉	服装企业	蓄热式、直热式、电锅炉、小蒸炉	宁波市将淘汰燃煤小锅炉，对锅炉容量2t/h以下用户，天然气未到达区域，安全、清洁因素要求较高的用户，工艺精度要求较高的用户，电价敏感度较小的用户等特定用户群大力推进具有经济性的蓄热式、直热式电锅炉
		印染企业	蓄热式、直热式、电锅炉、小蒸炉	
		酒店	蓄热式、直热式、电锅炉、水加热	
2	电窑炉、电频炉、电弧炉	玻璃行业	电窑炉	电窑炉具有精度、效率、稳定性高的特点，在陶瓷、玻璃、金属热处理等行业具有较大应用潜力，特别适合烧制高档瓷器，高端玻璃制品，如青瓷烧制、紫砂烧制，以及高端瓷砖、人工大理石、彩色瓦、精密金属件加工等。奉化将推广电窑炉、电频炉
		陶瓷行业	电窑炉	
		铸造企业	冲天炉	
		热处理厂	油改电设备	
		大型工厂	电采暖设备、电炊具	

续表

编号	替代类型	行业	设备	分析
3	热泵	医院、学校等公共建筑	热泵空调	采用热泵供冷、供热。已改造单位有奉化中医院、银泰商业、南海建材市场等。改造中项目包括奉化供电公司局大楼空调项目，奉化广播大楼空调、中烟奉化工厂空调新建项目
		宾馆、商厦、写字楼	热泵空调	
		酒店、商场、仓库	热泵空调	
		别墅、居民小区及集体宿舍等住宅建筑	热泵空调	
4	电制茶、电烤烟	茶厂	制茶设备、烘烤设备	制茶及蔺草加工等行业存在季节性用电的特点，计量电能替代电量时存在困难。用电基本集中在每年春季和秋季
		蔺草加工	烘烤设备	
		茶坊	烘烤设备	
		烟草公司	烘烤设备	中烟在奉化新建制烟工厂
5	油气输送管道加压站	石油、天然气输送	压缩、传输用高低压电机	奉化地区存在加气站，采用电力压缩，为燃气汽车加气
		石油加压站	压缩、传输用高低压电机	
		加气站	压缩、传输用高低压电机	
6	港口岸电	维护码头	变压器、集电箱	停泊在港口、码头的船舶供电，以及应用电动装卸工具，实现电能替代燃油
		冲水码头、冲冰码头	变压器、集电箱	
		船舶修造厂	变压器、集电箱	
7	电蓄冷	商业写字楼、商场和城市综合体	空调系统	奉化罗蒙总部大楼采用电蓄冷空调
		办公大楼	空调系统	
8	电动汽车	高速服务区	充电桩	沈海高速奉化服务区已建设2座充电站
		大型商场	充电桩	奉化银泰商业区地下停车场装有特斯拉充电桩
		大型物业公司、私人租赁公司	电动车	奉化捷达物业有限公司在自己服务的小区采用电动汽车收集生活垃圾
		物流、环卫公司	电动车、巡逻车	奉化环卫局采用电动汽车回收垃圾
		景区	电动车、巡逻车	暂无，计划采购电动汽车作为游览车
		公共交通	电动车	奉化公交公司计划建立公共电动汽车充电站
9	农、林、渔业	大棚养殖、水产品养殖	水泵	实现以电代油，减少柴油燃烧的大气污染
		食品加工、木（竹）制品加工		
		农业排灌		

从上表中可以看出奉化地区服装企业和酒店较多，但根据测算服装和酒店行业"煤改电"的成本高于"煤改气"成本，因此其"煤改电"积极性不高，推进较为困难，只能在安全和环保的角度去推行改电项目。在奉化地区分布着大量金属热处理类企业，这些企业的特点是使用冲天炉，以煤作为能源基础，工作环境较差，产品质量合

格率不高。近年来，随着政府环保政策出台及禁燃区建设和自身提高产品质量的需求，这些企业正在逐步实施"煤改电"项目，供电公司根据这一情况，做了大量的潜力调查和现场调研，通过与政府的协商及与用户的沟通，为企业量身制作了优化供电方案，在改造中推荐使用节能电气产品等措施，大力推进电能替代工作。

三、技术原理及方案

金属热处理及合金生产工艺主要包括上料（铁胚）、磨光、打砂、加热退火、烧成等环节，其中加热退火与烧成环节都依赖于锅炉。锅炉热处理工序是个关键工序，能源消耗占整个工序能耗的 50% 以上。但是原有的冲天炉使用燃煤粗放加热，不但耗能巨大，而且产品合格率低，环境污染严重。以宁波市恒源铸造有限公司为例，2014 年 10 月该公司完成了一期改造，新上了 2 台电锅炉（容量合计 700kW），替代原 3 台冲天炉。改用电锅炉替代燃煤炉后，提高了产能和质量，降低了成本，消除了煤尘污染，取得了良好的经济效益和环境效益，同时增强了企业的市场竞争力。

新上的电锅炉为轻型结构炉体，选用新型电热元件，采用计算机全自动控制，可以精确控制炉温，热效率高达 70.7%，改造后产品合格率由原 78% 提高至 98%。测试表明，电炉的热效率在升温、保温环节是原来煤炉的 1.3 和 1.2 倍，综合热效率提升达 26%。

四、项目实施

2015 年宁波供电公司全面启动电能替代工作，奉化供电公司将该工作与群众路线专题活动相结合，加大了基层调研、联络的力度，通过走访宁波市某铸造有限公司得知该替代项目，随后安排专人前往进一步深入了解。当得知客户急需年底投产后，奉化供电公司特派经验丰富的客户经理全程服务，积极上门服务，提供了一整套"煤改电"改造方案，共分为三期完成，方案不仅有详细供电改造方案，同时有优化用电、节能设备的应用。在供电公司的积极推进下，该铸造公司最终认同了改造方案。该公司于 2014 年完成了一期项目的改造，取得了良好的效果后，于 2015 年实施二期工程。该公司负责人表示由于一期项目的成功实施，2016 年底完成三期项目。

后续奉化供电公司继续延伸电力服务，以该项目为示范点，加大电能替代工作的推广力度。2015 年以来，在该项目的示范带动下，共完成 7 家金属加工企业用户的冲天炉改造项目，取得了积极效果。

五、效益分析

项目完成后，大大降低了原材料和能源消耗，在产量不变的前提下每年可节省标准煤 770t，减少二氧化硫排放量 13t，新增经济效益 210 万元。该项目改造投资回收期约 2 年。项目投运后，按照外销 50t 以上的标准，每年可增售电量近 350 万 kWh。

除经济效益外，从国家政策上讲，响应习主席在 G20 杭州峰会上重申在浙江实现"青山绿山就是金山银山"的环境保护理念。从社会效益来讲，冲天炉的对当地的污染较严重，影响了居民生活和健康，改造后，雾霾天气减少，居民可以走出房屋出来健身和跑步。同时奉化市政府计划保存一座较大的冲天炉，在此基础上建一座城市主题公园，此座冲天炉用以警示后人保护环境。

六、经验总结

（1）开展电能替代首先要了解企业生产情况，了解哪些企业存在设备改造需求，这需要我们电力部门员工利用各种机会（如用电检查、抄表收费、走访用户等），深入企业，获取第一手资料。

（2）在走访企业同时，还需要多与经信、环保部门联系，了解哪些用户需要改造或有技术改造需求，有针对性地选择企业。

（3）有针对性地选择企业，上门宣传电能替代技术，帮助用户计算电能替代后取得的各项收益，最终推动企业进行电能替代。

（4）在企业有电能替代改造需求后，如相关电力设备、变压器等需要增容改造，应为企业开辟电力绿色通道，及时解决增容问题。

（5）由于目前煤改气、油改气的企业远超过煤改电、油改电的企业，因此，供电企业不仅要做好优质服务，还要真正站在企业角度，为企业量身定做、优化用电方案，真正使企业获得收益。

（6）电力替代项目空间巨大，但需要不断挖掘，不仅要做好优质服务，还要真正站在企业角度，为企业参谋策划。在让企业真正收益的同时，推进电能替代，开拓电力市场。

（7）结合行业分析及政策导向，奉化地区行业特点是冲天炉企业较多，同时政府正在推行禁燃区的建设，依托政策及行业特点，逐步推动冲天炉改电炉建设。

（8）建立与用户及政府的有效沟通机制，大力宣传节能减排和环境保护政策，及时掌握用户的改造需求。

（9）部分用户存在提升自身产品品质的需求，应积极宣传电不仅清洁、安全，同时电气化设备具备易于操控，自动化程度高，电气产品优良率高等特点。

一、案例摘要

项目名称	绍兴柯桥某机械有限公司"煤改电"电能替代典型案例		
投资单位	绍兴柯桥某机械有限公司	技术类别	中频电炉
业主单位	绍兴柯桥某机械有限公司	竣工日期	2015 年 7 月
投资模式	企业自投	项目投资（万元）	1500
项目年收益（万元）	204	静态回收期（年）	7.35
年替代电量（万 kWh）	270.5	年增加电费（万元）	171
年减少当地污染物排放量	直接减少焦炭 1200t，减少二氧化碳排放 3120t、二氧化硫 28.8t、氮氧化物 8.4t、烟尘颗粒 6t		

二、项目背景

绍兴有一些机械制造类的中小型企业，多为铸造机械加工为一体的实体企业，年产各种牌号铸铁产品。替代前用电容量平均为 400kVA 以下，主要设备为 3t/h 的热风冲天炉，10:00~20:00 用焦炭燃烧加热，对铸造材料进行熔炼加工。每年的焦炭价格在 2100~2600 元 /t 波动，购买每 100t 焦炭的燃料费在 63 万 ~75 万元。

原先设备是燃烧焦炭，基本都在白天使用。因燃烧焦炭会产生大量黑烟和粉尘，排放出大量二氧化碳、二氧化硫等污染物，对周围环境污染较大，经常受到居民的反应和投诉。由于现在日益严峻的环境趋势和政府出台的对于"低小散"燃煤设备的强制关停，该类企业迫切需要其他能源设备来替代原先的烧煤设备。

三、技术原理及方案

绍兴柯桥机械有限公司于 2009 年 2 月 17 日成立，位于浙江省绍兴市柯桥区，主要进行金属产品加工，是绍兴地区该行业的领军企业。供电电压等级为 10kV，供电容量为 400kVA，最高用电负荷在 300kW 以下，平均负荷在 100kW 以内，年用电量为 78 万 kWh。其主要设备为 3t/h 和 5t/h 冲天炉各一台，对铸造材料进行熔炼加工。该企业年耗焦炭量约为 1200t，燃焦炭费用约为 360 万元，年利用小时数为 1400h。现经过技术改造，冲天炉全部拆除，新上 2 台中频电炉，中频炉单台容量为 700kW 左右，增加替代用电容量 1400kVA。

中频电炉是一种将工频 50Hz 交流电转变为中频的电源装置，使铁磁材料内部产生感应涡流并发热，达到加热材料的目的。中频电炉采用 300~1000Hz 中频电源进行感应加热，熔炉保温，主要用于有色金属的熔炼／锻造加热等。它具有以下几个特点：①加热速度快、生产效率高、氧化脱炭少、节省材料和成本、延长模具寿命；②工作环境优越、提高工人劳动环境和公司形象、无污染、低耗能；③加热装置体积小、重量轻、效率高。

改造前的冲天炉

改造后的中频电炉

四、项目实施

该公司"煤改电"项目由企业自主投资建设，总投资 1500 万元。电力公司了解到该企业有"煤改电"的想法之后，对此立即组织有关人员上门查看，并获得镇政府的积极配合，和企业负责人及相关技术人员召开了讨论会，向企业分析当前的环境和政策形势，提出了电能替代的方案。

增容工程启动以来，绍兴供电公司客户服务中心高度重视，迅速启动绿色报装通道，主动上门对接客户改造需求，实行专人全过程跟踪服务，用电检查人员结合企业历史用电情况，结合用电信息采集系统数据分析，指导用户开展用能优化分析，算好"安全"和"经济"账，打消了企业担心"煤改电"后用能成本大幅增加的经济顾虑。经分析计算，业主单位既有配电设施供电容量无法满足使用要求，需进行扩容升级。

五、效益分析

改造费用：该项目变压器增容工程约 100 万元，中频电炉造费用约 1400 万元，共计 1500 万元。

改造前加热运行费用：该企业年耗焦炭量约为 1200t，燃焦炭费用约为 360 万元，锅炉房共有 3 名锅炉工，月工资 4000 元，燃煤锅炉年运行总费用：360+0.4×3×12=375（万元）。

改造后加热运行费用：变压器增到 2000kVA，用户增容之后 1 年内的用电量已达到 349.5 万 kWh，增长 349.5-79=270.5（万 kWh），增长率达到 441%。实收年电费达到 243 万，增长率达到 337%。其中增加的电费成本为 243-72=171（万元）。

综合对比：改造后每年运行成本节约 375-171=204（万元），投入回报年限 1500/204=7.35（年），除去各种不确定因素，该企业保守投入回报年限是 8 年。

环境效益方面，采用中频电炉后基本实现了企业的无污染、零排放，每年可至少减少焦炭 1200t，减少二氧化碳排放 3120t，二氧化硫 28.8t，氮氧化物 8.4t，烟尘颗粒 6t。

六、推广前景

该公司设备改造具有以下优点：①产品工艺比之前更容易控制，产品质量比以前有进一步提高；②客户参观厂区，看到了中频电炉设备，订单增多，产品销路有了拓宽；③使用中频电炉可以节省人工，同时可以利用谷电进行生产，综合生产成本得到了降低；④在环境效益方面，采用中频电炉后基本实现了企业的无污染、零排放。

该公司"煤改电"项目改造后示范效果突出，其他相关企业已上门参观学习并仿效启动冲天炉改造工作。该电能替代项目在整个铸造机械加工行业具有非常好的推广前景。

案例 14 绍兴上虞某衬衫厂典型案例

一、案例摘要

项目名称	上虞某衬衫厂"煤改电"电能替代典型案例		
投资单位	上虞某衬衫厂	技术类别	电加热蒸气发生器
业主单位	上虞某衬衫厂	竣工日期	2016 年 1 月
投资模式	企业自投	项目投资（万元）	2.2
项目年收益（万元）	5.22	静态回收期（年）	0.42
年替代电量（万 kWh）	12	年增加电费（万元）	11
年减少当地污染物排放量	直接减少标准煤使用 160t，减少排放二氧化碳约 416t、二氧化硫约 3.84t、氮氧化物约 11.2t、烟尘颗粒 8t		

二、项目背景

上虞某衬衫厂采用一台燃煤蒸汽锅炉（WWG0.5-7）为企业提供服装加工衬衫整烫、定型需求。燃料以煤为主，热效率为 60%。采用燃煤作为蒸汽供热存在一定问题：①原燃煤锅炉位于厂区，燃煤锅炉因操作不当或设备故障等问题，可能发生爆炸等事故，存在严重的安全风险；②燃煤存在大量的烟气和粉尘，环境污染大；③燃煤需要产生投放燃料人工成本；④热效率低，管线存在泄漏现象，能源浪费大。

随着政府节能减排和大气污染防治工作的深入实施，开始出台相关政策，对用煤锅炉进行政策干预，要求逐年、批量进行更换或淘汰；同时，根据该衬衫厂生产现场实际情况和现有配电设施条件，考虑到电加热蒸气发生器具有面积小、无烟气和粉尘污染、便于管理、使用方便和不再需要专职锅炉工的优点，项目采用上海某工业锅炉厂生产的 DZS0.048-0.7 型电加热蒸气发生器代替原燃煤锅炉。

三、技术原理及方案

该衬衫厂成立于 1995 年，是一家服装加工、制造企业，其主营产品是衬衫和衬衣。该企业共有 2 条服装生产线，衬衫、衬衣整烫、定型用蒸气原先由一台 0.5t 的燃煤锅炉产生，年耗煤量 160t。现经过技术改造，衬衫、衬衣整烫、定型用蒸气采用上海某工业锅炉厂生产的 DZS0.048-0.7 型电加热蒸气发生器代替，公司变压器容量保持原先 250kVA 不变。

四、项目实施

该衬衫厂"煤改电"项目由企业自主投资建设，上虞市供电公司高度重视，主动上门对接客户改造需求，向企业老总介绍采用天然气锅炉与电加热蒸气发生器优劣，同时根据企业历史用电情况，结合用电信息采集系统数据分析，指导用户开展用能优化分析，算好"安全"和"经济"账，打消了企业担心"煤改电"用能成本大幅增加的经济顾虑。在确定采用电加热蒸气发生器代替技术后，协助企业做好电加热蒸气发生器的选型，确定设备生产厂家，仅用了半个月时间便完成设备的改造工作。

改造后干净整洁的车间一角

五、效益分析

改造费用：电加热蒸气发生器 2 台共计 2 万元，其他费用 0.2 万元，合计 2.2 万元。

改造前加热运行费用：原有燃煤锅炉年消耗燃煤 160t，燃煤市场价约 850 元 /t，锅炉房共有 1 名锅炉工，年工资 24000 元，燃煤锅炉年运行总费用：160×850+24000=13.6（万元）。

改造后加热运行费用：电加热蒸气发生器平均每天运行 8 h，年生产天数 300 天，年耗电量：35×2×0.7×8×300=117600（kWh），企业执行一般工商业电价，该企业平均电价约 0.9167 元 /kWh，故该企业电加热方式的年运行总费用：10.78 万元。

综合对比：改造后每年运行成本节约 13.6+2.4-10.78=5.22（万元），投入回报年限 2.2/5.22=0.42（年），除去各种不确定因素，该企业保守投入回报年限是 0.42 年。

六、推广前景

雾霾治理的重点是要降低煤、油消费比重，关键是实施"以电代煤、以电代油、电从远方来，来的是清洁电"电能替代战略，实现用能方式改变，提高终端用能效率。

案例 15　台州市某铸造有限公司典型案例

一、案例摘要

项目名称	汽车制动检验台专用电机减速机项目		
投资单位	台州市黄岩某铸造有限公司	技术类别	中频炉
业主单位	台州市黄岩某铸造有限公司	竣工日期	2015 年 11 月
投资模式	企业自有资金	项目投资（万元）	567.44
项目年收益（万元）	110	静态回收期（年）	5.2
年替代电量（万 kWh）	566.16	年增加电费（万元）	339.7
年减少当地污染物排放量	减少二氧化硫排放量 7.8t/ 年，有效降低声源 75~85dB（A）		

二、项目背景

近几年，装备制造业及社会需求不断加大，与此同时，汽车行业也迅猛发展。根据我国在用车辆的特点，各种不同吨位、不同类型的汽车都要用同一台（线）检测设备进行检测，这就要求我们的检测设备能适应不同技术水平、不同吨位、不同车况、不同类型的汽车。与汽车检测配套的配件市场也呈现产销两旺的发展态势，国内市场发展空间较大。

台州市黄岩某铸造有限公司 2013 年生产 2200t 铸件，生产采用冲天炉、树脂砂铸模生产工艺。所采用的冲天炉工艺属于《浙江省淘汰落后生产能力指导目录（2012年）》中的淘汰工艺，为进一步提高能源利用效率，提升产品品质，改善生产环境，减少环境污染，企业对原有的熔化系统进行技术改造并优化铸模系统，采用树脂砂铸模工艺与覆膜砂工艺相结合的铸模制造工艺。

同时，为进一步提高公司的产品品质，提高产品附加值，延伸产业链，公司根据近几年的生产发展情况，计划将生产的铸件进行深加工，生产汽车制动检验台专用电机减速机，主要购置机床、钻床、铣床等机加工等设备 20 台 / 套，年可生产 5 万套汽车制动检验台专用电机减速机。

本次技术改造项目将对生产厂房进行改造，改造厂房 5400m^2，同时将利用 IGBT 电源的中频炉熔炼替换原有的冲天炉，采用先进的树脂砂回收铸模以及覆膜砂工艺相结合的铸模生产工艺。本技术改造项目完成后将取得显著的环境效益和社会效益。

三、技术原理及方案

根据环保要求和企业的综合实力，该铸造公司熔化系统改造及产业链延伸实行一次性设计规划预算，经改造后，企业不再以生产铸件为主，而是以生产汽车制动检测台专用电机减速机为主的生产型企业。项目方案、项目最终产品情况见下表。

项目方案

原有生产系统		改造后生产系统	
原系统描述	设计产能	改造后系统描述	设计产能
原熔化系统采用一台 8t 冲天炉，以焦炭为燃料，污染物主要为二氧化硫、粉尘等	6000t/a	改造后采用 IGBT 中频加热炉熔化，污染物以粉尘污染为主	5000t/a
铸模采用树脂砂工艺	6000t/a	采用树脂砂工艺、覆膜砂工艺相互结合	树脂砂工艺 2500t/a 覆膜砂工艺 2500t/a
无机加工生产	0 套	购置先进的机械加工设备，对部分铸件精加工，生产合格的产品，以汽车制动检验台专用电机减速机为主	50000 套（平均每套产品用铸件 100kg）

项目最终产品情况表

产品名称	型号	单位	数量
汽车制动检验台专用电机减速机	FZ-15	套	10000
	FZ-10	套	20000
	FZ-5	套	20000

本项目利用现有厂房进行改造，改造面积 5400m^2，其中机械加工车间 2200m^2，

熔化炉系统 230m²，模具系统 2800m²，变压器房 170m²。购置先进的 IGBT 中频电炉、检测设备及公用配套设施，利用先进的树脂砂回收铸模工艺，对原有的生产线进行改造，淘汰熔化设备冲天炉生产线。同时，项目引进先进的机加工设备，形成年产 5 万套汽车制动检验台专用电机减速机的生产能力。通过改造提高企业能源利用效率水平，减少环境污染，促进企业由污染粗放型向节能环保型转变。

四、项目实施

项目由黄岩供电公司为本项目提供电源，接 10kV 屿下线铺设电缆引入厂区，单回路供电，供电电压 10kV。所有用电设备电压均为 380/220V。本项目建设利用新增 1 台中频炉专用变压器 ZS13-M-800/10/0.72 和一台 S14-M-500/10/0.4 变压器进行生产，淘汰原有 S9-M-63/10/0.4 变压器。

项目设备总装机容量估算 2617.48kW，其中中频电炉装机容量 1200kW，其他设备及办公照明等装机容量 1417.48kW。本项目新建变电室一座，淘汰原有 S9-M-63-10/0.4 变压器一台，计划新配一台 ZS13-M-800/10/0.72 变压器一台为新增的 1 组 HS-ODT-1200/1.5T 中频电炉供电，系统采用双供电源系统，俗称"一拖二"，满足 2 台炉体的生产需求。中频电源的功率可以在 2 台炉体之间任意分配使用，使一台电炉熔炼另一台炉体保温，达到充分利用电源的目的。其他生产设备计划新增一台 S14-M-500/10/0.4 变压器供电。技改完成后，变压器总容量 1300kVA。

五、效益分析

项目总投资 1020 万元，其中工程及设备费用 772.5 万元，其他费用 15.59 万元，预备费用 114.72 万元，铺底流动资金 117.19 万元。项目技术改造完成后，形成年产 5 万套汽车制动检验台专用电机减速机生产能力。技术改造后，企业产品产业链得到有效延伸，工业增加值可达到 2100 万元。

六、经验总结

黄岩供电公司根据黄岩地区经济发展实际，明确以冲天炉改造为电能替代主要工作方向。

（1）成立电能替代工作机构。

（2）紧密联系政府主管部门掌握行业动态。

（3）大力加快电网建设满足用电增长需求。

（4）设立"煤改电"工作流程：全区行业动态→成立电能替代工作小组→设立专门客户经理，上门服务→开辟绿色通道，提速流程→提供政策支持→加强宣传。

（5）设立专项柜台，开辟"煤改电"绿色通道。

（6）公司大力传播工作成效，形成示范效应。

七、推广前景

冲天炉生产过程基本采用冲天炉进行熔化，以人工操作为主、生产工艺落后、生产现场混乱、设备简单、管理水平低。相比冲天炉，串联谐振式中频电炉（有磁轭）采用先进节能的自动化生产设备，以清洁能源（电力）替代焦炭，从而减少废气、废水、废渣的排放，实现企业的转型升级。

（1）经济效益。企业原先采用冲天炉进行熔化，冲天炉热效率相对较低，热效率只有25%，而且焦炭的质量无法得到有效的保证，造成企业熔化每吨铁水的能源成本相对较高，采用中频电炉缩短开炉及浇注时间能达到更好节约能源的效果。

（2）采用中频电炉后能更好地严格按照工艺流程进行工艺布置，整个工艺过程流畅，无物料逆流，提高了企业设备运转的效率，既节省物料的搬运工作量，同时又降低了生产工人的劳动强度，使企业的生产劳动效率大大提高，进而提高了能源利用效率，降低了能耗。

（3）在安排生产计划时，通过合理的生产调度安排，可以使设备保持连续运转，尽量减少设备空转以及电机重新启动次数，从而减少不必要的电力能源消耗。

（4）劳动成本支出。煤改电后基本以流水线作业，相比冲天炉员工精简率为20%左右，按人均工资5.0万元计算，100人的企业，年劳动成本可节省100万元。

（5）环境效益。企业原先采用冲天炉（采用焦炭）进行熔化工序，在生产过程中，冲天炉产生了大量的烟尘及废渣，企业需配置脱硫、除尘等大型环保设施，不仅占用了大量的土地面积，而且无法彻底清除废气的排放，对周边居民环境产生了较大的影响。实施改造后采用中频炉（采用清洁能源电力）进行熔化工序，熔化过程中，废气、粉尘基本做到了零排放，配置的环保设施也大大减小，不仅节约土地面积，也减少了"三废"的排放，车间及周边环境将得到质的改变。

案例 16　温州市某微晶器皿有限公司典型案例

一、案例摘要

项目名称	温州市某微晶器皿有限公司电窑炉项目		
投资单位	温州市某微晶器皿有限公司	技术类别	电热陶瓷窑炉
业主单位	温州市某微晶器皿有限公司	竣工日期	2016 年 1 月
投资模式	用户自主全资	项目投资（万元）	250
项目年收益（万元）	80	静态回收期（年）	3
年替代电量（万 kWh）	2200	年增加电费（万元）	1540
年减少当地污染物排放量	减少排放 604 万 kg 碳粉尘、2214 万 kg 二氧化碳、66.6 万 kg 二氧化硫、33.3 万 kg 氮氧化物		

二、项目背景

1 替代前用能设备状况

温州市某微晶器皿有限公司建于 2008 年，主要生产陶瓷设备，在生产设备改造前用煤窑炉，设备年运行 7200h 左右，每年需消耗煤炭 11845t 左右，目前煤炭市场价约 390 元 /t，每年能源费需 462 万元。

2 替代前用能系统存在的问题以及电能替代的需求

煤窑炉的缺点是工作效率低，窑炉温度无法进行非常准确的控制，环境污染大。

三、技术原理及方案

1 电热陶瓷窑炉原理及性能简介

工业上电热陶瓷窑炉的应用非常广泛，陶瓷工业上使用电热陶瓷窑炉是近十几年才较为广泛兴起，主要有间歇式电热窑炉、隧道式电热窑炉、罩式电炉、辊底式隧道电热窑炉等。电热窑炉为电动推进连续作业式烧结炉，窑体直径为 10 ~ 20m。其中炉体分为低温区、中温区、高温区三个部分，窑炉为人工上瓷胚，由纵向推进机周期性的把推板和瓷胚推入窑炉炉膛，经进料台、低温区、中温区、高温区到出料工作台后，人工卸料，完成瓷器的烧结过程。整台窑炉分为耐火砖外壳、炉衬、推进系统、发热元件、电气控制系统等五大组成部分组成。发热元件采用硅碳棒，硅碳棒是整个窑炉的重要元件，它以高纯绿色碳化硅为主要原料制造的非金属电热元件，利用电流克服电阻的原理，将电能转化为热能，具有热膨胀系数小，辐射能力强等优越特性。在正常条件下使用温度在 600~1200℃，连续工作达 2000h 左右。

2 电热陶瓷窑炉主要优势分析

（1）电热陶瓷窑炉可以直接或间接加热制品，不需要燃烧烟气作传热介质，没有排除废气所造成的热损失，加热空间紧凑，空间热强度高，工作温度可达到1100℃。

（2）电热窑炉不需要加热冷空气，燃烧后不出现烟气，窑炉内气氛比较洁净。同时窑炉温度可进行非常准确的控制，同一截面内窑炉温度分布均匀。用电烧窑相对于火焰窑炉温度波动范围小、产品质量好、合格率高，特别适合烧结温度范围狭窄的制品，容易适合各种烧成制度的要求。在电窑使用过程中能快速或缓慢升降温、准确地保持恒温，适合不同种类型的烧成制度。并且能在隔绝外部空气的情况下将所需气体引入窑炉内，控制焙烧过程。

（3）电热窑炉不需要燃烧室、管道、排风机和烟囱，不用燃烧堆场及窑渣堆场，电热窑炉本身占用场地小，减少人工及厂房面积，节省设备投资。窑炉没有较高温度的局部燃烧部分（燃烧室），也不会因炉灰的影响而损坏炉衬，且耐火材料的寿命较长，炉衬结构简单。在耐火层及保温层损坏时修理方便，修理费用低廉。

四、效益分析

电窑炉"烧电"不烧煤，充分利用低谷电，对电网调峰起到积极作用。相对于用煤来说，用电更安全、干净。项目实施后能节约厂房面积达 2000m²。据测算，每年可减排 604 万 kg 碳粉尘、2214 万 kg 二氧化碳、66.6 万 kg 二氧化硫、33.3 万 kg 氮氧化物。

五、经验总结

（1）实行领导挂钩客户制度，客户经理深入企业生产一线，与企业经理、生产人员进行沟通交流，并适时协助客户确定能源选择方案，解决客户生产用电过程中的各类问题。

（2）对电热隧道窑炉客户的申请用电，建立绿色服务通道，缩短业扩报装流程，优化流程环节，提升流程的运作效率，提出优质客户分级管理理念。

（3）加强电网检修计划管理，提高供电可靠性，统筹安排停电时间，减少重复停电，在分支路安装断路器，缩小停电范围。

（4）利用广播、电视、报纸、杂志、互联网等各种宣传媒体，印制各种类型的宣传手册，在报社开创专栏，与电视台联办各种活动，定点、定期、定量进行宣传。

（5）深入陶瓷企业进行调研分析，与电热窑炉专家进行交流和座谈，用数据说明电能与油、天然气在投资、使用和运行等各方面上的差异，说明电能在使用、运行、管理及能耗上的优点，以负责任的态度与陶瓷企业客户实现双赢。

六、推广前景

推进电能替代对于提高人民生活质量，也有相当大的作用。随着经济社会的不断发展，人们对生活质量要求的不断提高，实施电能替代，提升居民生活的电气化水平，将从各方面满足人们对于能源消费安全、清洁、便捷的要求，从根本上提升人们的生活品质。

具体来说，则是以重点推广项目为抓手，分阶段、有步骤地实施电能替代的推进计划。所谓的重点推广项目，指的是在当前能源价格水平和政策条件下，公司可推广一批技术上可行、经济性好、替代潜力较大的用电设备。电动汽车、热泵、电排灌、电窑炉、电炊具等具有替代优势，可重点推广。在当前煤炭、天然气价格水平下，充分利用峰谷分时电价等特殊电价政策，重点推广电热设备项目。由于各地区电价、补贴政策不同，各种替代技术和设备在不同地区的经济性不同，各地区可结合自身特点，因地制宜开展相关工作。

案例 17 温州某集团有限公司典型案例

一、案例摘要

项目名称	某集团五金铸造设备改造工程		
投资单位	温州某集团有限公司	技术类别	中频炉
业主单位	温州某集团有限公司	竣工日期	2015年10月
投资模式	用户自主全资	项目投资（万元）	200
项目年收益（万元）	162	静态回收期（年）	1.3
年替代电量（万kWh）	136.5	年增加电费（万元）	115.3
年减少当地污染物排放量	每年可减排二氧化碳1330t		

二、项目背景

1 替代前用能设备状况

温州某集团有限公司创建于1975年9月，主要从事水龙头、卫浴五金及装饰五金的生产和研发，是目前温州最大的卫浴五金生产厂家。

该公司原五金件制造采用焦炭熔炼炉熔炼合金，主要燃料为焦炭。设备年运行4800h左右，年需消耗焦炭500t左右。

2 替代前用能系统存在的问题以及电能替代的需求

（1）替代前用能系统存在的问题。焦炭熔炼炉熔炼合金工作效率低，温度无法进行非常准确的控制，工作温度高，环境污染大。

（2）电能替代的需求。随着国家对环境整治的日益严格，省市各级政府相继出台对高污染企业的整改文件，温州该集团有限公司焦炭熔炼炉作为高污染的典型设备急需进行改造。温州供电公司为了响应政府号召，落实《温州市大气污染防治实施方案》

《关于印发温州市高污染燃料锅（窑）炉淘汰改造工作实施方案的通知》等文件精神，帮助该集团完成焦炭熔炼炉淘汰改造，进行了深入的调研，收集相关数据，提出由中频电炉来替代原有焦炭熔炼炉的改造方案。

三、技术原理及方案

1 生产工艺

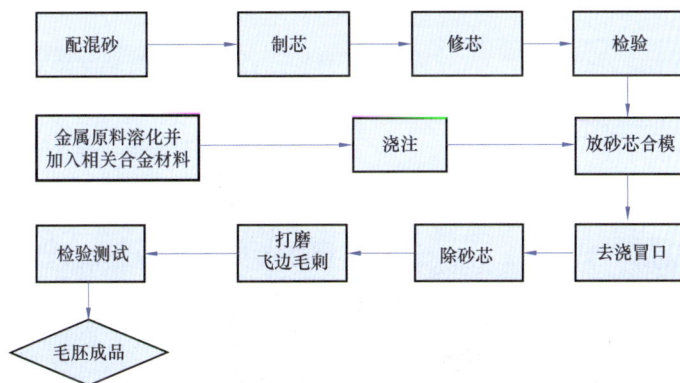

五金件制造工艺流程图

该公司五金件制造的主要工艺流程如上图，其中"金属原料溶化"为工艺流程中最关键的环节。原工艺为焦炭熔炼炉，存在占地面积大（焦炭需大型堆场存放），操作维护烦琐，车间温度高，烟尘大，排放无法达标等多种问题。

2 可行性分析

（1）设备原理。中频电炉是一种利用中频电源建立中频磁场，使铁磁材料内部产生感应涡流并发热，达到加热材料目的的电炉。主要应用于熔炼碳钢、合金钢、特种钢、铜合金等金属材料。

（2）设备特点。

1）设备地面积小，安装、操作、维修简单。

2）自动化程度高，溶化升温快，炉温控制精确。

3）环保、无污染，不产生烟尘，不排放二氧化硫、二氧化碳等有害气体。

通过多方比较，该公司选择了宁波某电炉公司的中频电炉替代焦炭熔炼炉。

四、项目实施

在改造过程中，温州供电公司客户经理积极协助企业核算负荷清单，根据企业用电性质帮助企业归整用电负荷，根据企业生产特性优化企业用电，在现有变压器容量基础上确保企业增加容量后不造成变压器超载。

改造后车间

成套设备

五、效益分析

本项目新增电炉 4 座共 500kW，增加年用电量约 136.5 万 kWh，年电费约 127.3 万元；年节约焦炭 500t，节约焦炭采购费用近 50 万元。同时中频电炉的使用大幅提升工作效率，原有生产线、原料管理等工人减少 22 人，减少工资支出近百万元。并将原焦炭堆场改为新的生产车间，也间接增加了企业经济效益。经测算，每年可减排二氧化碳 1330t。

六、推广前景

使用焦炭熔炼炉从事五金生产，在焦炭燃烧过程中会产生废气与烟雾，车间里弥漫着烟雾，员工时刻处于高温的环境下作业，不利于保护环境；通过改造车间高温作业的环境得到了改善，厂区周边的空气环境得到了净化，员工的现场作业环境得到了较大的改善，达到了国家的环保标准要求。

该公司焦炭熔炼炉改电炉项目的实施，不仅解决了洁具五金行业环境污染问题，同时更节约了成本支出，在温州洁具五金行业起到了示范引领作用。

案例 18　金华兰溪某水米糕作坊典型案例

一、案例摘要

项目名称	某水米糕作坊电蒸气炉改造项目		
投资单位	某水米糕作坊	技术类别	电蒸气发生器
业主单位	某水米糕作坊	竣工日期	2015 年 3 月
投资模式	用户自主投资	项目投资（万元）	1.1
项目年收益（万元）	0.8	静态回收期（年）	1.37
年替代电量（万 kWh）	19.2	年增加电费（万元）	6
年减少当地污染物排放量	每年减排二氧化碳约 213.3t		

二、项目背景

1　项目的推广及实施

针对乡镇电能替代"煤改电"项目的推广，供电公司为用户开通"一站式"绿色通道，宣传落实到乡镇每个企业和居民用户。此项工作得到政府部门支持，并出台《2016年清洁生产企业审核计划》，鼓励传统燃料用电来取代，并给予相关的优惠政策。

2　替代前用能设备状况

（1）建成前，用户采用燃煤的传统方式，用于加工制作水米糕，从 2006 年开始生产到现在，月烧煤量 0.5t，年煤消耗约 6t。

（2）能源种类：煤价格 1980 元左右 /t；能源费用 1.2 万元 / 年。

3　电能替代改造过程

对于该水米糕作坊的具体情况，替改用户改造了线路，增加低压线路 14m，增装表计一台，淘汰了传统燃煤锅炉设备。

4 替代后用能情况以及后续服务

传统燃煤制作工艺主要问题是二氧化碳排等废气放量太高，污染重、高能耗、产能低下，对周边空气造成污染；其次，工艺落后、效率低，产品产量不高。经过电能替代后，新的生产环境整洁干净，效率高，每天产量增加 3%，每月产生电费也比原先烧煤时降低了 2.3%。供电公司对于用户的生产情况及设备运行情况采取统计调查分析，由专人负责维护，并定期为提供电能替代后的效益分析表，直观感受到电能替代的优便，对于传统工艺耗能大产量低的问题进行技术改善，给用户带来更多的效益。

三、技术原理及方案

1 技术原理

（1）将烧煤炉改为电加热蒸气，优点为节能环保、提升工艺；缺点为费用相对于燃焦炭要高。

（2）具体电能替代技术为采用电蒸炉对产品加工制作；节能环保。

2 技术方案

（1）替换为 2 台电蒸炉，一天平均运行约 8h，年运行小时数约 2000h 左右，生产用电主要控制在低谷与高峰时段，尖峰时段较少。

（2）技术方案实施的要求：将烧煤炉拆除，在原先的位置安装电加热蒸汽发生器和电蒸炉。

3 可行性分析

（1）项目投资模式：用户自主投资。

（2）分析项目初投资、运行费用、经济效益（收益率、静态回收期等）。投资金额约 1.1 万余元，年运行费用：每日以最大 8h 计算，用户的设备功率为 25kW 左右，经计算后原来每年燃煤锅炉总的各项费用为 2.2 万左右，改造为电蒸炉之后每年的电费为 3 万左右，费用有所上涨。

（3）相对而言，与采用煤炉相比，投资成本较大，运营成本稍高，生命周期长。

四、项目实施

供电公司技术人员上门介绍电能替代技术，量身定制用电方案，并阐述政府的环境保护趋势，由用户自主投资改造。

五、效益分析

（1）新增售电量约 4.74 万 kW，电费 6 万左右，增加运行成本每年为 0.3 万元左右。

（2）以每吨煤产生 1.61t 二氧化碳计算，用户年减少约 201.5t 二氧化碳排放量。

六、项目经验总结

该项目通过将家庭作坊式煤锅炉"煤改电"，有效减少了废弃排放等问题，实现了节能环保、提升工艺、提升产品质量。同时项目也存在一些问题：由于政府的煤改电、清洁能源要求，2015 年兰溪市下发《兰溪市燃煤锅炉改造办法》，大力宣传以电代煤的清洁能源技术。由于改造后运行成本上升，所以用户一般是不愿轻易改造的。

案例 19　泰顺县某茶叶专业合作社电炒茶典型案例

一、案例摘要

项目名称	泰顺县某茶叶专业合作社电炒茶设备改造		
投资单位	泰顺县某茶叶专业合作社	技术类别	电炒茶
业主单位	泰顺县某茶叶专业合作社	竣工日期	2015 年 9 月
投资模式	用户自主全资	项目投资（万元）	15
项目年收益（万元）	6	静态回收期（年）	2.5
年替代电量（万 kWh）	2	年增加电费（万元）	1.2
年减少当地污染物排放量	每年可减排二氧化碳 40t		

二、项目背景

1　替代前用能设备状况

泰顺县某茶叶专业合作社创建于 2004 年 10 月，主要从事茶叶种植及精致茶加工，是泰顺县境内规模较大的茶叶生产合作社。

该公司之前采用较为原始的炒茶、制茶方式进行茶叶加工，在春茶炒制期间每日炒茶需消耗木材约 300kg。年消耗木材约 30t，排放二氧化碳约 40t。

2　替代前用能系统存在的问题以及电能替代的需求

（1）在电能替代改造开展前该用户主要存在以下几点问题：

1）采用原始炒茶方式，温度、揉茶力度难以控制，影响出茶质量；

2）木柴燃烧产生的二氧化碳、残渣等影响工作环境，清理麻烦。

（2）该公司电能替代主要出于自身企业发展的需求，主要有以下几个方面：

1）由于茶叶品质受生长环境影响较大，所以茶叶合作社选址一般在比较偏远的地区，在春茶炒制期间，需要大量木柴作为燃料，木柴运输成本较高，同时春雨季节长途运输木柴使木柴燃烧效果变差影响茶叶品质，采用电能替代后能够有效解决该问题。

2）在电能替代之前，炒茶工艺对炒茶人员的技术水平要求较高。茶业合作社为提高茶叶质量需要聘请经验老到的制茶工人，近几年人工成本不断提高，而采用电能替代后，温度、揉茶力度能够得到很好的控制，避免了该项问题，降低了人工成本。

三、技术原理及方案

1 茶叶生产工艺

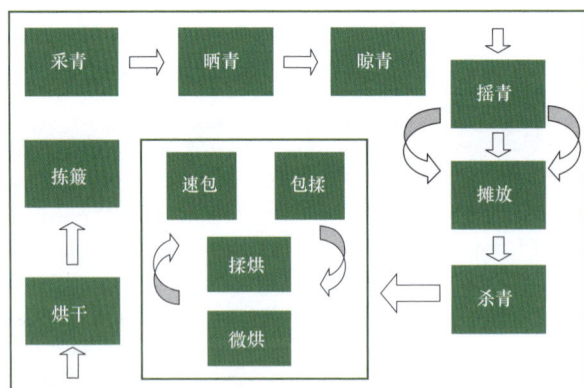

茶叶生产工艺流程图

2 可行性分析

茶叶生产工艺如上图所示，从流程可以看出茶叶自采摘完成到制作完成后需要经过的相当繁杂的工序，采用原始制茶方式需要大量人力进行，同时也很考验制茶人员的经验，产生很大的人工成本；而这些工序很大一部分都是机械的重复过程，可以通过现代的电动设备配合电脑控制达到这个效果，起到节约人工成本的效果。

3 设备原理

电炒茶设备利用智能芯片提前设定好制茶需要的揉捏力度、炒制时间、炒制温度、晾晒时间等，通过控制电动机、传输带、电炒锅等电气设备实现全自动炒茶。

4 设备特点

（1）设备地面积小，安装、操作、维修简单。

（2）自动化程度高，出茶品质高。

（3）环保、无污染，不产生残渣，也不会二氧化碳等有害气体。

（4）操作方便简单易学，减少人工成本。

四、项目实施

在改造过程中，泰顺县供电公司客户经理积极了解企业原有运行模式及制茶成本，同时计算电能替代改造后的运行成本提供给该公司进行对比，企业法人在对比之后，发现进行电能替代不仅能够节约成本，改善工作环境，同时也能提高茶叶的品质，增加茶叶售价，提高利润。该企业于进行增容并于 2015 年 9 月完成电炒茶改造。

改造前采用木柴进行加工的锅炉污染严重

改造后厂房内干净整洁

五、效益分析

本项目新增容量 200kW，增加年用电量约 2 万 kWh，年电费约 1.2 万元。年节约木柴 30t，每年可减排二氧化碳 40t；大幅提升工作效率，原茶叶炒制、揉烘等工人减少 10 人，减少工资支出约 50 万元；同时提高了生产茶叶的品质，间接增加了企业经济效益。

六、推广前景

使用电能替代技术改进炒茶工艺不仅能够减少木柴燃烧造成的大气污染，相对于其他一些电能替代技术，电炒茶技术的使用也能够为制茶企业节约人工费用支出，减少企业的运营成本，实现企业效益与社会效益的双赢，此次对茶叶合作社的改造取得了很好的示范效果。同时根据茶企负责人反馈，电能替代改造后茶叶品质有明显提高，他认为该项替代技术适用于大部分茶叶生产厂家，推广前景较好。

第二章

以电代油

案例 1 长兴某矿业有限公司皮带长廊及港口岸电典型案例

一、案例摘要

项目名称	矿山企业皮带长廊及港口岸电电能替代		
投资单位	长兴某矿业有限公司	技术类别	全封闭皮带长廊及港口岸电
业主单位	长兴某矿业有限公司	竣工日期	2015 年 12 月
投资模式	用户自主全资	项目投资（万元）	2000
项目年收益（万元）	805	静态回收期（年）	2.48
年替代电量（万 kWh）	200	年增加电费（万元）	155
年减少当地污染物排放量	减少排放 707 万 L 废气及大量粉尘		

二、项目背景

1 替代前用能设备状况

（1）替代前用能系统基本情况。长兴某矿业有限公司（简称该矿业有限公司）每年生产 120 万 t 石子、40 万 t 石粉。从矿山的生产区域到运输码头距离 3km，码头每年约 5000 条·次船舶停泊等待装载货物。矿山开采的石料全部通过汽车运输进厂进行破碎加工，加工完成后再由汽车运输到码头。为确保货物的正常运输，公司购买了 15 辆装载量为 30t 汽车，并且长期租用 15 辆 30t 货车。每年需要使用 80 万 L 柴油。同时码头船舶停泊等待时年消耗 5 万 L 柴油。

（2）替代前使用能源情况。该矿业有限公司在使用汽车运输以及船舶在等待装载过程中使用的是柴油，价格约 6 元 /L，每年能源费用约 480 万元，同时码头停泊的船只能源费用约需 30 万元。

2 替代前用能系统存在的问题以及电能替代的需求

（1）替代前用能系统存在的问题。从生产区域到码头路程有 3km，装载石矿石的重车途经村庄、农田。电能替代前用汽车运输，存在多种问题，分析如下：

1）汽车运输存在安全问题。车次频繁，并且经常存在超载现象，各种事故时有发生，安全得不到保障，另外每天大量重型矿石运输车辆穿越乡村的公路，对乡村公路造成损坏同时也影响了乡村的交通安全。根据统计，平均每年发生各种起事故 3.5起，造成经济损失 110 万元。

2）环境污染。汽车运输及船只每年要消耗柴油 85 万 L，排放废气 707 万 m^3。同时汽车运输石料不能进行全封闭，难以避免部分碎石沿途洒漏，既影响了沿途的环境又浪费了资源。

3）生产成本高。随着汽柴油价格和人员工资的不断上升，汽车运输石料的成本也将不断上涨。

（2）电能替代的需求及原因。

1）从安全角度出发，几乎每年都有交通事故发生，平均经济损失 110 万元 / 年，并且影响企业正常生产，迫切需要解决安全问题。

2）从环境保护的要求出发，企业每年运输石料产生 700 万 m^3 左右的废气及大量粉尘污染，不但政府强制企业进行整改，当地百姓也经常上访，阻扰企业正常生产。

3）从生产成本考虑，采用汽车运输每年能源费用约 480 万元，且汽车司机等人工工资及维修保养费用每年约 400 万元。而采用全封闭皮带长廊及岸电技术每年用电量约 200 万 kWh，电费 155 万元，人工工资及维修保养费用只需要 30 万元，另外减少各种事故损失 110 万元，相对于汽车运输每年节约成本 800 万元。虽然静态总投资要 2000 万元，但采用汽车运输时购置汽车需要 1500 万元，并且带式输送机的使用年限比汽车使用年限长，综合政府财政补贴，1 年节约的效益就可将投资收回。

4）根据长兴县政府《长兴县人民政府关于开展矿山企业环境专项整治的意见》（长政发〔2009〕42号）的要求，必须对矿山环境进行综合治理。

三、技术原理及方案

1 技术原理

（1）电能替代技术的技术原理。全封闭皮带长廊主要由两个端点滚筒及紧套其上的闭合输送带组成。带动输送带转动的滚筒称为驱动滚筒（传动滚筒）；另一个仅在于改变输送带运动方向的滚筒称为改向滚筒。驱动滚筒由电动机通过减速器驱动，输送带依靠驱动滚筒与输送带之间的摩擦力拖动。驱动滚筒一般都装在卸料端，以增大牵引力，有利于拖动。物料由喂料端喂入，落在转动的输送带上，依靠输送带摩擦带动运送到卸料端卸出。

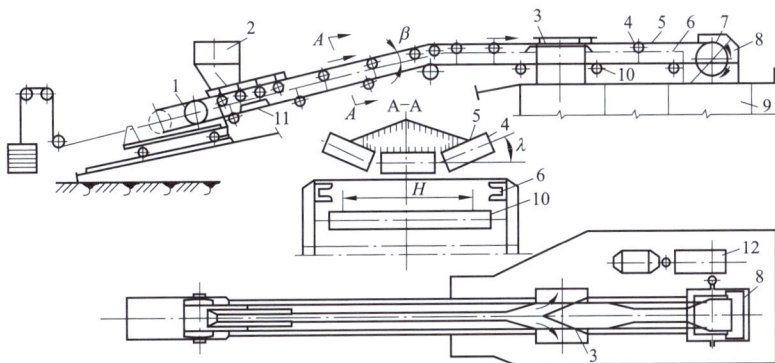

1—张紧装置；2—装料装置；3—犁形卸料器；4—槽形托辊；
5—输送带；6—机架；7—传动滚筒；8—卸料器；
9—清扫装置；10—平行托辊；11—空段清扫器；12—清扫器

皮带长廊原理结构图

皮带长廊是理想的连续运输设备，与汽车运输相比，具有输送量大、结构简单、维修方便、成本低，连续输送等优点。而且运行可靠，易于实现自动化和集中控制。

同时在码头岸边设置取电箱，在船只靠岸停泊期间取代柴油机发电。

（2）电能替代技术。该矿业有限公司一是采用全封闭皮带长廊替代原来的汽车运输，二是用岸电替代船舶的柴油发电，从而实现零事故、零排放、降低生产成本的效果。

（3）电能替代技术的关键性能指标。该皮带长廊全长 2km，5 台电动机，总功率 399kW。全年运行 275 天左右，年用电量约 200 万 kWh。

2 技术方案

（1）技术方案具体内容。

1）根据矿山情况和皮带机输送路线要求，在现有矿山开采区附近确定一个合适的位置新建石灰石破碎车间。

2）破碎后的石子、石粉通过短皮带机输送汇总到一台长皮带机上，然后通过长皮带机将石子、石粉从矿山输送至码头。此长皮带沿途需要穿过高低压电力线路和村庄、农田，必须同时满足高、低压线路的安全间距和相关环保要求。

3）在码头处专门安装一台船舶专用安全取电箱，用以停靠船只取用岸电。考虑到各种因素，该箱作了以下安全设计：

a. 设 6 路低压出线，每路出线装设剩余电流保护器。

b. 低压出线全部采用专用的防水线路设计，预留 30~100m 长度，可方便安全取电。

（2）技术方案实施的要求。项目实施充分考虑利用现有场地条件和生产系统及衔接要求，新建输送带，技改过程将最大限度地不影响或少影响正常生产。由于原变压器容量余地较大，可以满足项目新增电力供应，因此无需考虑增容。

3 可行性分析

（1）项目投资模式。本项目投资模式为用户自主全资，项目资金由自有资金（资本金）解决。

（2）项目初投资、运行费用、经济效益。

1）本项目的固定资产静态投资为 2000 万元。

2）皮带长廊的运行维护简单，年运行费用不高于 30 万元。

3）经济效益分析。项目改造完成后可以取得较好的经济效益，全投资财务内部收益率为 40.25%，全投资静态投资回收期为 2.48 年回收（含建设期），投资利润率为 40.25%。在项目投资由自筹解决的条件下，全部资金偿还期为 2.48 年（含建设期）。

四、项目实施

该矿业有限公司坐落在长兴县和平镇，是长兴县区域内较大型的石矿企业，年生产 120 万 t 石子，40 万 t 石粉。根据《长兴县人民政府关于开展矿山企业环境专项整治的意见》（长政发〔2009〕42 号）的要求，在县经信委、发改委、环保局等相关部门的督促、县供电公司的积极推动下，该矿业有限公司着手建设全封闭皮带长廊，在完成前期查勘、设计等工作后，在通过相关审批手续后进行工程实施，于 2015 年 12 月完成。

五、效益分析

1　项目年替代电量

项目每年新增用电量约 200 万 kWh，新增电费收入约 155 万元。

2　项目环境效益

减少使用 85 万 L 柴油，减少 707 万 m^3 废气排放，同时还大量减少粉尘污染。

六、经验总结

（1）结合环境保护、节能降耗，借政府强制措施顺势而为。长兴县供电公司通过与县发改委、经信委等部门对接，及时获悉县政府即将开展环境保护、节能降耗、产业升级等工作。借政府强制措施有针对性地开展某些行业的电能替代工作。

（2）结合用电检查，掌握企业需求。充分发挥用电检查人员、客户经理的优势，主动上门服务，尽早了解掌握企业生产设备的动态变化情况，推广电能替代的优势。

（3）结合业扩提速工作，推出电能替代绿色通道。明确了电能替代项目认定、绿色通道的管理办法。针对电能替代项目推出"快、好、省"的各项服务举措，支撑服务电能替代项目。

七、推广前景

长兴县水泥、矿山企业数量较多且企业规模也较大。按照县政府综合治理的要求，将逐步完成企业转型升级。长兴公司结合政策导向，积极推动水泥、矿山企业的电能替代项目。截至 2015 年底，已有长兴某矿业有限公司、湖州某矿业有限公司、湖州某水泥有限公司等 3 家企业完成了全封闭皮带长廊建设，年增加售电量 550 万 kWh。

同时某水泥有限公司即将建设一条从长兴县槐坎乡、白岘乡矿区到各厂区再到码头的全封闭皮带长廊，全长 22km，投资约 7 亿元人民币，预计 2018 年完工，年增加售电量约 3000 万 kWh。

长兴供电公司结合政策导向，全程跟踪各项目进展情况，做好优质服务工作，积极推动项目建设。预计到 2018 年，长兴县区域内的水泥、矿山企业将全部完成全封闭皮带长廊建设，实现以电代油的目的。

案例 2 嘉兴"流动表箱"取代柴油发电机服务典型案例

一、案例摘要

项目名称	"流动表箱"取代柴油发电机服务"五水共治"典型案例		
投资单位	海盐县水利局	技术类别	流动表箱
业主单位	村民委	竣工日期	2016 年 3 月
投资模式	项目业主自投	项目投资（万元）	99
项目年收益（万元）	84.7	静态回收期（年）	1.1
年替代电量（万 kWh）	41	年增加电费（万元）	36.2
年减少当地污染物排放量	年均可节省柴油消耗 21.6 万 L，改用流动表箱供电后，可实现增售电量 41 万 kWh，减少二氧化碳排放 550.8t，减少二氧化硫 854kg，减少费用支出 84.7 万元		

二、项目背景

1 项目概况

海盐位于杭嘉湖平原，属于典型江南水网区，境内河网密布，随着"五水共治"和"美丽乡村"建设的深入开展，政府每年投入巨资进行河道清淤和护岸工程建设，但河道清淤作业点位分散，作业转移频繁，用电时间较短，施工单位普遍习惯于利用柴油发电机带动泥浆泵和船载挖掘机动力系统工作。海盐供电公司针对清淤船流动作业特点，推出了"流动表箱"服务，创新"村民委办电，供电所装接，客户受益"服务新模式，可根据清淤船的作业半径和河道的不同，对表箱进行灵活迁移，在清淤船作业区域内实现了网电的即插即用，有效解决了传统落火点及计量箱固定安装，不够灵活的问题。

2 替代前用能系统存在的问题以及电能替代的需求

（1）替代前用能系统存在的问题。柴油发电机运行成本高，以 4135 型柴油机为例，其满负荷工况下每小时耗油量约为 16.8 L，人工维护成本高；工作时噪声大，通常在 120~140dB，对清淤船作业环境和工作人员健康造成一定的危害；污染排放物多，其中包括二氧化碳和氮氧化物等气体，对作业点周边环境造成较大影响，特别是船舶用油容易泄漏到河道中造成二次污染。

（2）电能替代的需求。对施工单位来说，直接使用电网提供的电力比柴油发电成本更经济、人工量更节约，没有噪声及油水污染，可大幅改善作业环境。但考虑到清淤作业点位分散，施工标段长度多在一千米以上，作业转移频繁，施工单位担忧用电开户（销户）手续烦琐、立杆架线施工周期长、用电时间较短，划不来。

三、技术原理及方案

海盐供电公司在了解到项目用电需求后，针对清淤船流动作业的特点，推出了"流动表箱"服务，通过创新服务模式，实现了"村民委办电，供电所装接，客户受益"良性循环。

"流动表箱"由村民委统一购置，供电部门对箱内电气配置进行指导把关，箱体多采用塑壳材质（SMC 不饱和树脂），绝缘密封性好；采用分体设计，分为计量仓和

流动表箱的外观和内部配置

配电仓,其中计量仓安装有表前刀闸和电能表、采集器;配电仓安装有三相四线漏电保护器、空开及三相插座;表箱引下线采用不小于 $4 \times 10m^2$ 铜电缆,可重复拆装。

"流动表箱"主要针对用电容量小于 30kW,需用电时间 30 天以下的临时性、紧急性三相用电,可根清淤船的作业半径和河道的不同,对表箱进行灵活迁移,在清淤船作业范围内实现了网电的即插即用,有效解决了传统落火点及计量箱固定安装,不够灵活的问题。

四、项目实施

国网海盐供电公司在走访摸底后,主动对接村民委用电需求,开通绿色通道,落实"一站式"服务要求,以村民委名义办理三相非居动力户新装业务,电价执行一般工商业及其他电价,供电方和村民委签订供用电合同,收费到户。

属地供电所负责建立"流动表箱"管理台账,施工单位如有临时用电需求,向村民委提出申请,村民委通知供电所,供电所按抢修工作流程(抢修人员 + 岗位工),

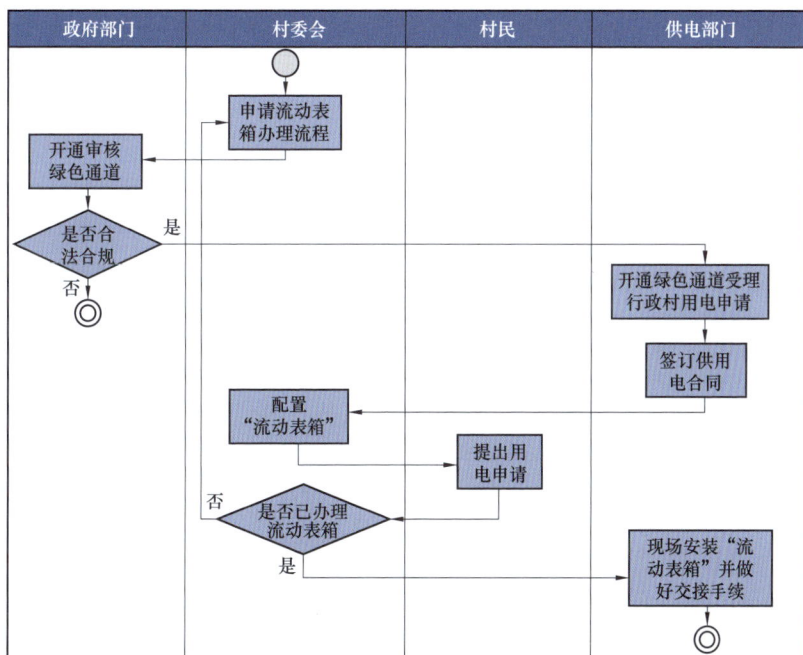

"流动表箱"申办流程图

将表计装接到用电地点，并做好和用电方的交接签字手续。完工后，将装接单带回供电所，由业务员在营销系统内进行用电信息变更，确保营配数据准确完整。工作人员还可以通过供电服务监控平台，每天对流动表箱的用电情况进行系统监控并记录。

截至 2016 年 3 月，海盐公司对全县 105 个施工标段 545 个作业点位完成了流动表箱安装、落火工作。

改造前发电机组　　　　　　　　改造后流动表箱及附属装置

五、效益分析

2016 年海盐县计划完成河道清淤 300 万 m³，其中可替代潜力 100 万 m³，按每只清淤船每天清淤 700m³，每小时耗用燃油 16.8L 测算，改用流动表箱供电后，年均可节省柴油消耗 21.6 万 L，可实现增售电量 41 万 kWh，减少二氧化碳排放 550.8t，减少二氧化硫 854kg，减少费用支出 84.7 万元。

海盐供电公司通过创新推出"流动表箱"服务，替代原有柴油发电，既减少了油污污染、噪声污染，又改善了工作环境，同时也支持了节能减排，具有良好的综合效益。

六、经验总结

（1）固化流程"经验"可复制。海盐供电公司在传统领域电能替代潜力挖掘、替代过程中，通过"小范围创新试点—提炼总结完善—成熟推广应用"三步走，形成了一整套可复制、可移植的服务机制创新经验，有力助推了传统领域电能替代工作开展。

（2）强化配套制度措施保障。在创新实践过程中，海盐供电公司坚持"试点先行，逐步完善"的原则，在通元供电所试点应用的基础上，制定了《海盐县供电公司流动表箱管理办法（试行）》，实现了流动表箱管理的标准化和制度化。

（3）完善流动表箱用电安全服务。通过规范配置流动表箱漏电保护器，建立流动表箱管理台账，常态化开展流动表箱用电安全宣传和用电检查服务，确保了流动表箱用电安全。

七、推广前景

海盐供电公司围绕客户需求，通过创新"村民委办电，供电所装接，客户受益"服务模式，进一步精简业扩手续，优化办电流程，完善服务机制，实现了供电服务便民、为民、利民，有力推动了电能替代在服务"五水共治"、建设"美丽乡村"的应用，具有广阔的推广前景。

案例 3　平湖市某运务有限公司电动公交典型案例

一、案例摘要

项目名称	平湖市某运务有限公司电动公交替换柴油公交工程		
投资单位	平湖市某运务有限公司	技术类别	电动汽车
业主单位	平湖市某运务有限公司	竣工日期	2015 年 12 月
投资模式	用户自主全资	项目投资（万元）	1080
项目年收益（万元）	67	静态回收期（年）	16
年替代电量（万 kWh）	53	年增加电费（万元）	45
年减少当地污染物排放量	单车每年节能折合标准煤 21170kg，单车每年减少二氧化碳排放量 33945kg		

二、项目背景

1 项目成立背景

平湖市某运务有限公司是一个以长途客运、城市公交和城乡公交客运为主，集车辆维修保养、公交广告、对外通勤为一体的国有企业。截至 2016 年底，运行线路 26 条，公交车辆 125 台，运营区域已完成平湖地区全覆盖。随着国家对新能源汽车的推广力度不断加大，平湖市交通局在《关于印发某某市交通运输局 2015 年工作要点的通知》中重点提出：新增公交车的清洁能源车型不低于 50%。与此同时平湖市政府购买公共交通服务的改革也在不断深入，对于公交环保、经济和舒适性能要求不断提高，选择纯电动等新能源公交的必要性也不断提升。

平湖市供电公司在了解到这个信息后，积极跟进推广"油改电"工程，客户经理积极配合该公司，在新的客运中心投运前期为其提供充电桩的选址、建设等电力供应相关技术支持。由此，电动公交替换柴油公交工程正式开始。

2 替代前用能设备状况

（1）平湖市城市公交燃料类型单一（全部为柴油燃料），发动机配置较为陈旧，车辆能耗高。

（2）运行时间长的柴油公交车，起步时排气尾管冒黑烟特别严重，使城市环境污染问题日益突出，与平湖市建设"大美平湖""生态立市"奋斗目标不相适应，严重损坏城市形象。

（3）平湖市现有柴油公交投运时间为 2008~2013 年，平均每辆公交年行驶 1800h、70000km，年消耗油量约 18250 L。

3 替代前用能系统存在的问题以及电能替代的需求

（1）柴油公交车的运营成本高。平湖市现有柴油公交 125 辆，每辆公交每年运营成本高达 10 万元，一年共需支出费用 1250 万元。

（2）在全球能源日趋紧张、环境问题日益严重的今天，发展具有节能、无排放、环保、安全等特点的电动汽车成为大势所趋，也是国家和省市大力倡导、推广的。

三、技术原理及方案

1 技术原理

（1）纯电动公交车动力驱动原理。纯电动公交车完全由可充电电池提供车辆动力源，由电机驱动车辆行驶。车辆无发动机、离合器和变速箱等设备，无燃料消耗，完全实现了车辆尾气零排放、零污染。同时，电能价格较低，作为在城市中低速、平稳运行的公交车辆使用，可节省大量的运行成本。

（2）纯电动公交车基本构成图。

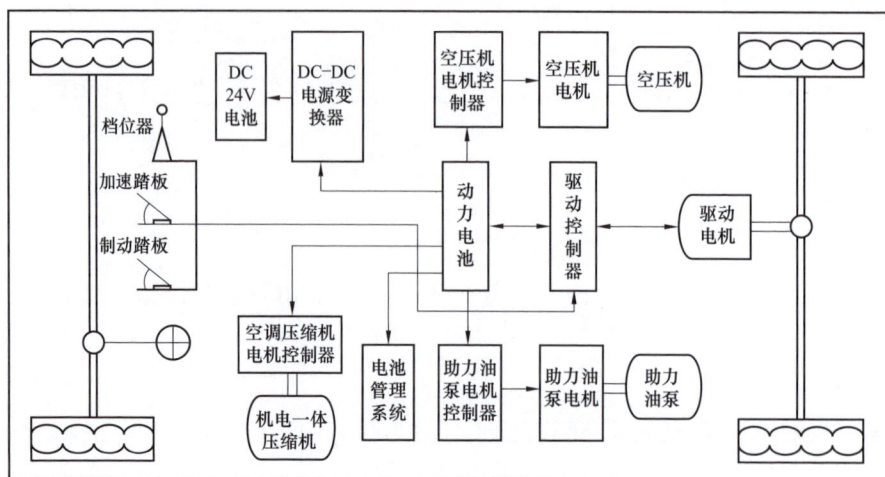

纯电动公交车基本构成图

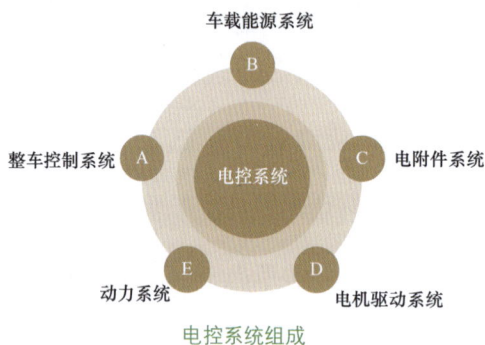

电控系统组成

（3）使用条件及优缺点。

1）纯电动公交车主电源采用动力锂离子电池，动力系统采用交流异步电动机和与之配套的电机驱动控制器，并带有自动检测功能的车载能源系统，使整车具有较好的动力性能，具有起动力矩大、效率高、行驶时噪声小、工作安全可靠等优点，并且具有高效能量回收性能和驻坡零速锁定功能。

2）电池采用高容量动力锂离子电池，续航里程长。备有整车电池管理系统，随时随地检测动力电池的运行状态，并对电池故障进行报警提示，电池得到更好的使用。

3）汽车设计时综合考虑了结构安全设计、高压安全设计、功能安全设计等要素，通过监控预警及防护、故障监测与诊断等，提高整车高压安全性。电控系统集成化设计，高压连接点由 29 个减少到 14 个，有效地保证车辆安全、可靠。车身采用金刚封闭环结构设计、撞击时变形小，生存空间大，侧翻时安全性高。

4）电机、电控等关键零部件采用水冷设计，防护等级达到 IP67；优化整车布置，整车涉水深度优于传统动力客车。完善的被动安全措施，保证突发事故中乘客的安全，如电池仓体和乘客区的完全物理隔离。

5）电纯动公交车的运行受到动力电池容量的限制，电池容量的大小直接决定了电动公交车续航里程的长短，因此需要在充分考虑公交运行时间及线路的基础上，通过电池电量补充或电池更换的方式来防止电动公交车由于电量不足影响其正常运行，避免由此给乘客和运营调度带来不便及所带来的安全隐患。

2　技术方案

（1）根据平湖市的日常公交需求等综合因素，选择宇通的 8m 纯电动公交客车。该车电池容量 89kWh，续航里程为 155km。

（2）充电采用直流充电模式。有 60kW 直流充电机与 150kW 直流充电机两种充电设备，接 380V 工业用电，充电接口为 9 芯充电枪（国际标准）。

3　可行性分析

（1）项目投资模式：该公司自主全资投资。

（2）项目初投资、运行费用、经济效益。本项目一次性硬件投资 1080 万元，年用电量约 53 万 kWh，年电费约 45 万元。地方一次性项目补贴 540 万元。采用纯电动公交汽车后，平均每辆车日节约燃料成本 153 元，全年可节约 5.58 万元。静态回收期为 6 年。

四、项目实施

该项目购置的 12 辆纯电动公交车为"宇通"牌，设计时速为 60km/h，每辆车的价格近 90 万元，该车理论续航里程为 155km，公交车车身长度为 8m，是嘉兴地区首次投入使用如此长度的纯电动公交车。每辆车由政府补贴一半购置费。

1 本项目具体实施流程

项目可行性研究、制定项目方案、项目建设、项目验收、项目使用。

2 项目实施流程中应注意的重要问题

（1）充电设备的总用电负荷应小于公司的受电容量，需合理安排充电时间，避免造成充电时过负荷的情况发生。

（2）纯电动车辆作为市区道路上频繁启动、制动，载客量大、负荷大的公交车辆使用，经验还相对不足。

3 项目工期

该项目为 3 个月。

五、效益分析

1 经济效益

（1）纯电动公交车辆。纯电动公交车价格每台 90 万元。日运行里程 200km，日消耗电 220kWh（夏、冬两季每千米耗电 0.7kWh，春、秋两季每千米耗电 0.5kWh，全年加权平均每千米耗电 0.6kWh），目前充电价格采用一般工商业及其他电价 0.8549 元 /kWh，日需充电费用约 103 元。

（2）柴油公交车辆。柴油公交车价格每台 60 万元。日运行里程 200km，消耗柴油 50L（全年加权平均百千米油耗 25L）。柴油价格 5.13 元 / L（现行价格），日需燃料费用约 256 元。通过对比，每台纯电动公交车比柴油公交车日节约燃料成本 153 元，全年可节约 5.58 万元。厂家承诺提供 5 年质保，8 年延保，基本与汽车寿命相当。

（3）与柴油车辆比较，6 年即可收回比柴油车一次性多支出的成本。计算公式：（90 万元 — 60 万元）÷ 5.58 万元 / 年 = 5.37（年）。

2 社会效益

（1）绿色环保。汽油、柴油车辆尾气排放占城市大气污染的 70% 以上，是主要的大气污染源。汽车尾气中不但含有大量的碳、一氧化碳、氧化氮、二氧化硫和未充分燃烧的碳氢化合物等物质，还含有较多的铅、苯等致癌物质，造成严重环境污染。纯电动公交车属新能源汽车，靠电力驱动，无燃料消耗，完全实现了车辆尾气零排放、零污染，被公认为是绿色环保汽车，大力推广纯电动汽车是解决城市大气污染的有效措施。

（2）无噪声污染。柴油车辆在启动、加速中发动机振动大、噪声高，同时柴油车驱动构造复杂，传动系统互相摩擦产生机械噪声污染。纯电动公交车车辆构造简单，无离合器、变速箱等一系列传动装置，车辆驱动电机工作噪声小，几乎无噪声污染。

（3）舒适度高。纯电动公交车由于底盘低、空气悬架、振动轻、噪声小、运行平稳、车内无油烟味，乘车舒适度明显提高。车辆在市区道路运行，成为市区一道靓丽的风景线，提高了城市品位。

六、经验总结

（1）合理使用电池。磷酸铁锂电池的特性是使用中不能过充、过放电。根据这一要求，应及时做好车辆补电工作，特别是在夏季比较炎热，需要全天空调开放时，通过合理调整班次，充分利用客流低峰时段（中午时段）对每台车辆进行循环充电，充电量不高于50%。采用这种方式，更好地保护了电池，保证电动车全天的运行里程。

（2）强化对电池的保养维护。每3个月或车辆运行1.5万km时对电池进行一次维护，首先对每个单体电池进行换位连接，然后统一放电到最均衡低电压，再整组充电到标准电压，保证电动车车载整组电池电压的均衡性和电池容量不衰减，延长了电池寿命。

（3）加强驾驶员的培训教育。车辆运行的好坏，与驾驶员操作密切相关。由于电动公交车的停车起步非常频繁，启动电流很大，驾驶员无法掌握。为此我们加大了对驾驶员的技术操作培训，并实行每车一卡的充电模式，让驾驶员主动按最省电模式操作，同时加大奖罚机制，奖励节约用电驾驶员，减少浪费电源的现象。

（4）电动公交与常规的柴油公交能耗对比。单车每日节能折合标准煤：73-15=58（kg）；单车每日二氧化碳排放量减少：131-38=93（kg）；单车每年节能折合标准煤：58×365=21170（kg）；单车每年减少二氧化碳排放量：93×365=33945（kg）。

七、推广前景

根据本项目的应用分析，广泛应用电动公交不仅可以产生直接的能源效益，而且可以改善和优化能源结构，电动公交替代柴油公交将改变交通领域过分依赖有限石油资源的现状，实现交通领域能源利用的多元化和洁净化，尤其是推动煤炭资源的高效利用，提高我国能源的安全性。

2015年9月29日，国务院办公厅发布《国务院办公厅关于加快电动汽车充电基础设施建设的指导意见》（国办发〔2015〕73号），特别提出"对向电网经营企业直接报装接电的经营性集中式充换电设施用电，执行大工业用电价格，2020年前暂免收取基本电费"，这能大大降低电动公交的电费成本。

本项目实施以来，经过后续的跟踪服务与沟通，该公司决定在育才路公交首末站建设二期2000kVA的充电站项目，计划再投运12辆纯电动公交车。届时年替代电量将超过100万kWh。

案例 4　浙江某港口有限公司长廊运输典型案例

一、案例摘要

项目名称	浙江某港口有限公司电长廊取代车辆短驳运输"油改电"项目		
投资单位	浙江某港口有限公司	技术类别	港口煤炭运输"油改电"
业主单位	浙江某港口有限公司	竣工日期	2015 年
投资模式	用户自主投资	项目投资（万元）	4660
项目年收益（万元）	600	静态回收期（年）	8
年替代电量（万 kWh）	350	年增加电费（万元）	280
年减少当地污染物排放量	减少排放二氧化碳约 3100t		

二、项目背景

1 替代前用能设备状况

浙江某港口有限公司拥有三个码头、六个公用泊位，业务范围包括集装箱、散货和液体化工产品的装卸、仓储、堆存、运输等服务，而煤炭一直是码头最重要的散货货种，2015 年煤炭装卸量每年达到 1500 万 t 以上，长期以来，煤炭从外海码头进入堆场主要依靠自卸车短驳运输，耗油量大。

2 替代前用能系统存在的问题以及电能替代的需求

当前环保形势严峻，严重雾霾频繁发生，浙江省人民政府出台了《浙江省大气污染防治行动计划（2013—2017 年）》，全面开展了创建国家清洁能源示范省工作，制定了《浙江省创建国家清洁能源示范省创建实施方案》，而传统的港口煤炭运输方式带来的环境污染等问题也是摆在港口企业面前的一个重要课题，且随着国际原油市场的动荡、人工成本的上升，自卸车短驳运输煤炭的运行成本不断攀升，同时车辆运行中存在废气排放高、噪声大等缺点，与环保要求有很大的出入。通过实施煤炭流程取代车辆短驳运输，可有效解决煤炭运输过程中能耗大、成本高、污染大等弊端，在提高能源利用效率及企业经济效益的同时，也取得了巨大的社会效益及生态效益。

三、技术原理及方案

① 技术原理

第一阶段完成新建 9 条皮带机，新增两台堆料机；第二阶段完成新建 11 条皮带机，新增 2 台卸船机、1 台带斗门机、3 台装船机。

按照以往的生产工艺，煤炭卸船后落在码头面上，通过装载机对自卸车进行装车，再由自卸车短驳运输至堆场及内河码头。无论是装载机还是自卸车，都是耗油量很高的作业机械。通过流程改造，煤炭由卸船机、带斗门机卸船后直接经由皮带机、堆料机、装船机运输至堆场或内河船舶。

② 技术方案

（1）原生产工艺：门机抓斗→码头平台→装载机（装车）→自卸车→堆场→装载机（堆高）。

（2）流程改造完成后，生产工艺变为：门机抓斗→皮带输送机→堆料机。每年可减少车辆短驳运输煤炭 800 万 t。

③ 可行性分析

（1）由于政府环保部门多次要求用油企业进行清洁能源改造，加之企业也存在着节能需要，在电力部门努力推动下，企业决定对煤炭流程取代车辆短驳运输"油改电"改造。项目全部费用由企业自主投资，电力部门在相关电力设施改造上予以指导。

（2）根据企业投资计划，煤炭堆场进行电力配套改造。

四、项目实施

（1）煤炭堆场变电站投入 1 台 800kVA 变压器。

（2）项目工期：第一阶段 2015 年在 1 号码头已完成新建 9 条皮带机，新增两台堆料机；第二阶段在 2 号码头新建 11 条皮带机，新增 2 台卸船机、1 台带斗门机，3 台装船机，在 2015 年底前竣工。

五、效益分析

（1）项目年替代电量（新增售电量），新增电费收入，节约运行成本。原生产工艺煤炭短驳自卸车平均耗油 0.06L/t（码头至堆场重载—空载来回 3.5km），装载机装车平均油耗 0.06L/t（公司统计自测），装载机堆高平均油耗 0.03L/t（公司统计自测），三项总计油耗为：0.15L/t，每年 1 号码头车辆短驳运输煤炭 800 万 t。

流程改造完成后，年用电量 350 万 kWh 左右，按照电价为 0.901 元 /kWh [350×0.901=315.35（万元）]，按照每升柴油 7.06 元 /kWh [800×0.15×7.06=847.2（万元）]，每年可减少投入 847.2–315.35=531.85（万元）。

（2）项目环境效益。每年减少排放二氧化碳约 3100t。

六、经验总结

（1）开展电能替代首先要了解企业生产情况，了解企业存在设备改造需求，这需要电力部门员工利用各种机会（如用电检查、抄表收费、走访用户等），深入企业，获取第一手资料。

（2）在走访企业同时，还需要多与经信、环保部门联系，了解哪些用户需要改造或有技术改造需求，有针对性地选择企业。

（3）有针对性地选择企业，上门宣传电能替代技术，帮助用户计算电能替代后取得的各项收益，最终推动企业进行电能替代。

（4）在企业有电能替代改造需求后，如相关电力设备（如变压器等）需要增容改造，要为企业开辟电力绿色通道，及时为企业解决增容问题。

（5）由于目前煤改气、油改气的企业远超过煤改电、油改电的企业，因此，我们需要与气竞争。这就需要不仅要做好优质服务，还要真正站在企业角度，为企业量身定做优化用电方案，真正使企业获得收益。

（6）如企业一次性投资较大，可建议企业与省节能公司合作，解决资金问题，实现效应分享。

七、推广前景

电力替代项目空间巨大，但需要不断挖掘，不仅要做好优质服务，还要真正站在企业角度，为企业参谋策划，在让企业真正收益的同时，推进了"以电代煤、以电代油、以电代气"工作，从而实现社会与企业效益的双赢。

案例 5 金华某影视拍摄基地柴油发电车电能替代典型案例

一、案例摘要

项目名称	某拍摄基地电能替代项目		
投资单位	国网某市供电公司	技术类别	柴油发电机
业主单位	某拍摄基地	竣工日期	2016 年 6 月
投资模式	用户租用	项目投资（万元）	46
项目年收益（万元）	23.3	静态回收期（年）	2
年替代电量（万 kWh）	268.8	年增加电费（万元）	233
年减少当地污染物排放量	年减少排放二氧化碳 1118.25t		

二、项目背景

1 替代前用能设备状况

（1）某拍摄基地原使用柴油发电车 4 台（2 台 300kW、2 台 200kW），共 1000kW，最大发电 600kW，用于剧组日常拍摄。柴油发电机为拍摄剧组租用设备，设备效率约为 60%，以一天发电 12h 计算，设备年运行小时 4380 h，年耗柴油 359t。

（2）能源种类。柴油价格为 7000 元 /t 左右；能源费用：250 万元 / 年。

2 替代前用能系统存在的问题以及电能替代的需求

（1）该拍摄基地使用柴油发电机发电，存在可靠性不高、设备利用率低、污染严重、运行维护不方便等缺点。因天气原因，急需增加发电机，能耗成本快速递增，导致剧组能耗成本过高，剧组希望降低能耗成本。

（2）进行电能替代的主要原因：拍摄剧组希望降低能耗成本；东阳公司从增供扩

销、电能替代、优质服务等层面考虑，有必要建设相应的电网配套工程，满足该拍摄基地常年电影电视剧组用电要求。

三、技术原理及方案

该拍摄基地采用发电机发电，以柴油为燃料，存在污染重、运行维护不方便、可靠性不高、能耗成本过高等不利因素，而通过节能变压器直接供电，在满足剧组拍摄的条件下可妥善解决以上问题，如污染（电能）、运行维护不方便（服务快捷方便），可靠性不高（室外线路故障平均一年一次左右，内部线路基本不会故障），能耗成本高（以临时用电电价 0.89 元 / kWh 供电）等。

1 技术方案

（1）在东阳市歌山镇 1、2 号台区新增 2×400kVA 节能变压器 2 台、低压配套分接设备 2 套替代某剧组租用柴油发电车。

（2）技术方案实施的要求：某配电工程的安装场地及电缆和线路施工的场地已经与用户协商确定，按照该拍摄基地规模做好变压器和线路容量预留。

2 可行性分析

（1）项目投资模式：国网东阳市供电公司投资。

（2）投资金额约 46 万余元，年运行费用：改造前，该拍摄基地柴油发电车发电，一天开机 12h，油耗 230g/kWh，柴油 0.84kg/L，柴油 5.5 元 /L，每天需要柴油 230×600×12/1000=1656kg=1971（L）；需要柴油费用为 1971×5.5=10842（元）；折算成电费单价为 10842/600/12=1.51(元 /kWh)，发电机租金为 4×500 元 / 台 =2000(元)，合计每天需要运行成本 12842 元，年运行费用约为 468 万余元；改造后，2016 年电费费用为 233 万余元，费用降低约 50%。东阳公司年经济收益为 23.3 万余元，静态回收期为 46/23.3=2（年）。

（3）相对而言，与采用用户自主投资光伏发电相比，用户投资小，运营成本低，生命周期费用短。

四、项目实施

东阳供电公司结合东阳的地方特色，创新思路，以"陆港岸电"电能替代理念，开创配套电网项目服务大型摄影棚电源的新模式。开辟电能替代报装绿色通道，本着"特事特办、急事急办"服务理念，选派巍山供电所所长作为电能替代业扩工程工作专项负责人，实行上门服务和无周休日工作原则，在1日完成对客户基本用电情况的收集，将工作任务单传递到营销、运检、设计、施工部门；营销部牵头，运检协助利用 GPS 系统对客户位置进行定位，结合公司配电地理信息系统，查询供电资源，并根据具体情况当日制订供电预案。第二日，各有关部门人员赴现场审核供电预案，确定供电方案，设计部门根据工程规模和现场实际情况，在最短时间内完成工程设计，施工单位根据业扩协调工作联系单在要求时间内完成施工。由"绿色通道"专人负责组织验收，对验收合格具备送电条件的，在1日内完成送电。由原先"串联"审批变为"并联"审批，主动服务，一口对外，达到优质服务目的，实现客户"早用电"目标，实现影视基地、剧组、供电企业多赢。

五、效益分析

（1）新增售电量约 268.8 万 kWh，电费 233 万元左右，增加运行成本每年为 2 万左右。

（2）以每吨柴油产生 3.115t 二氧化碳计算，用户年减少约 1118.25t 二氧化碳排放量。

六、经验总结

（1）创新机制，形成电能替代新格局面。一是，充分发挥一线营销人员专业优势，明确窗口服务、客户经理、用电检查等岗位人员电能替代工作职责。二是，从电能替代项目源头抓起，深入挖掘潜力项目，强化项目常态化管理，对重点项目形成潜力分析报告，建立及时填报、定期汇总分析的管理机制。三是，加强电能替代工作过程管控，以同业对标和业绩考核指标为导向和抓手，建立公司、供电所上下贯通的管理体系，充实人员力量，落实工作责任，实现"一体化、全覆盖、全贯通"的电能替代工作格局。

（2）创新思路，拓展电能替代新领域。结合横店影视城的地方特色，创新思路，以"陆港岸电"的电能替代理念开创配套电网项目服务大型摄影棚电源的新模式，打造富有地方特色的电能替代精品示范项目。

（3）示范引领，打造电能替代品牌。提升电能替代项目示范引领作用，以点带面，全力为东阳影视行业绿色发展做好表率，形成影视行业电能替代品牌效应。

七、推广前景

（1）东阳影视行业发展快速，剧组众多，推广潜力大。东阳仅横店影视城就建有"秦王宫""明清宫苑"、"清明上河图"等28个大型实景基地，另还建有15个高标准摄影棚。据初步统计，横店目前约有71个剧组进驻拍摄，拍摄均租用影视城柴油发电车或者私人发电车。以某项目为示范蓝本，有助于"陆港岸电"电能替代理念，开创配套电网项目服务大型摄影棚电源的新模式，在东阳影视行业全面推广应用。

（2）总结提升某项目实施经验，有助于提升供电公司能效服务形象。作为精品示范项目，对于提升公司能效服务形象，将有较大的推广价值。

案例 6　浙江省岱山县某修造船有限公司典型案例

一、案例摘要

项目名称	浙江省岱山县某修造船有限公司油锅炉改热泵项目		
投资单位	浙江省岱山县某修造船有限公司	技术类别	空气源热泵
业主单位	浙江省岱山县某修造船有限公司	竣工日期	2015 年 12 月
投资模式	用户自主投资	项目投资（万元）	18.7
项目年收益（万元）	31	静态回收期（年）	0.6
年替代电量（万 kWh）	14	年增加电费（万元）	9.66
年减少当地污染物排放量	以二氧化碳计算，约减排 50t		

二、项目背景

1 替代前用能设备状况

（1）建成前，用户采用燃油锅炉，主要供应整个船厂的热水系统，在 2011 年建成使用，已经投运 5 年；锅炉原容量为 1.5t/h，设备效率 87%，设备年运行小时约 3300h，平均每天烧油 0.184t，年耗油量 67.312t。

（2）能源种类：油价格为 6500 元左右 /t，能源费用为 437528 元。

2 替代前用能系统存在的问题以及电能替代的需求

（1）燃油锅炉价格较高，需设置油罐及供油系统，需解决消防及安全问题，运行成本高，且受油价波动影响大，使用年限为 10 年。柴油燃烧会产生氮氧化物约 8.57kg/m³，硫化物约 10 kg/m³，烟尘 1.8 kg/m³，二氧化碳 2.67t/m³，造成较大的污染。

（2）进行电能替代的主要原因是用户出于实用成本考虑，由于柴油价格昂贵，而且柴油安全管理要求较高，而电价及热泵热效率高的特点，而且操作要求较低，节能环保，通过成本核算后，用户决定改为空气源热泵，以降低每月支出费用。

三、技术原理及方案

1 技术原理

（1）热泵仅需要消耗少量高品位能源（电能或燃料），就能从低温热源（如环境空气、海水、土壤等）中抽取大量低温热能，将其温度升高后"泵送"给用户。其制取热能的能源消耗可比传统方法节省一倍甚至数倍，因此，热泵在制取生产和生活热能的诸多领域，均具有广阔的应用前景。

（2）以每天将 10t 水由 15℃加热到 55℃的热水装置为基准，燃煤锅炉、燃油锅炉、燃气锅炉、电热锅炉、空气源电动式热泵热水装置的典型数据比较如下表：

各装置典型数据对比

项目	燃煤锅炉	燃油锅炉	燃气锅炉	电热锅炉	空气源电动式热泵热水装置
所用能源	煤	柴油	天然气	电	电
能源单位	kg	kg	m³（标准状态下）	kWh	kWh
能源热值（MJ）	22	42	36	3.6	3.6
热效率（%）	55～75（取65）	80～95（取87）	80～95（取87）	90～98（取94）	250～450（取350）
年能源消耗量	42998	16828	19632	181787	48823
能源单价（元）	0.9	6.5	4.5	0.69	0.69
年能源费用（元）	38698	109382	88344	95329	33688
年人工费（元）	20000	20000	20000	0	0
年总运行费（元）	58698	129382	108344	95329	33688
装置寿命（a）	5～8	5～8	5～8	5～8	10～15
其他	污染严重，应用受限制	污染较严重，需储油设施	对安全管理的要求高	能享受分时电价（配热水箱）	低谷时段享受大工业低谷电价（配热水箱）

综上比较，当低温热源适宜，且热水温度与低温热源温差不太大时，热泵热水装置具有对气候及安装场地的适应性强、安全性好、能源效率高、维护简单等特点，其

高出的初期投资通常可在 6 ~ 24 月内通过能源费用的节省而收回。

（3）关键性能指标。空气源热泵机组能效比（COP）值平均在 3.7 以上，燃油锅炉的能效比（COP）一般只有 0.87，此项为关键性能指标。

2　技术方案

（1）用户原来使用为 1 台 1.5t/h 的全自动蒸汽锅炉，改造后为 3 台型号为 DKFXRS–30II 天舒空气能机组，并且安装有 3 个 13t 的保温水箱，确保热泵加热后储水用。

（2）在设备安装前要根据厂方提供的设备安装基础图要求完成施工，并且要留有足够的场地安装，事先要保证提供的水路和电路达到设备的技术要求，该用户热泵总输入功率 25kW 左右，变压器预留容量和线路容量预留足够。

3　可行性分析

（1）项目投资模式：用户自主投资 18.7 万元。

（2）投资金额 18.7 万元，年运行费用 13.47 万元，原来每年燃油锅炉总的各项费用为 45 万元左右，改造为空气源之后每年的电费为 14 万元左右，年节约费用 31 万元，年收益率 171%，静态回收期 0.6 年。

（3）如选用电锅炉或者燃气锅炉的话成本和燃油锅炉基本差不多，没有改造的价值，因国家对于环保的要求，燃煤锅炉不能改造，所以选择空气能热泵更方便和安全，具有较大的推广价值。

四、项目实施

该单位因经营困难，每月电费缴费有时延期，对降低生产成本有迫切要求。供电公司工作人员对该单位进行用电检查时发现用户职工住宿热水用的是油锅炉，经过询问得知每月使用费用较高，于是帮助用户联系热泵厂家根据用户的热水使用需求详细情况制作了热泵替代方案。然后经过积极地向用户进行电能替代优势介绍，抓住用户对于燃油锅炉高成本的一个替代需求，找准了空气源热泵这个替代方式，帮用户和厂家牵线搭桥，经用户和厂方签订购买和安装合同，完成热泵的替代。

五、效益分析

（1）电量约 14 万 kWh，电费 9.66 万左右，减少运行成本每年为 31 万元左右。

（2）按用户每年消耗柴油 67t 计算，共消耗柴油 80400 L，产生二氧化氮 0.689t，硫化物 0.804t，烟尘 0.144t，用户每年减少约 208t 二氧化碳排放量。

六、经验总结

该项目是经过对用户实地考察后，工作人员根据经验判断用户会实施替代的可能性很高，根据实地情况，经过综合计算及便利性考虑，以及向用户进行了政策和经济性介绍，联系厂家到户进行实地谈判，用户在根据供电公司制作的替代综合方案中改造费用及实际运行成本进行考虑后决定改造，改造完成后用户对供电公司的替代非常满意。

对用户来说最重要的是经济性，开展电能替代要从用户的角度去理解考虑，怎么选择最适合用户的替代方案，用最低的成本完成用户的替代改造和经济运行，解决用户的后顾之忧，切实为用户考虑才能成功推动替代成功，最终实现双赢目标。

七、推广前景

热泵在以热水供应、供暖供冷为主的领域可广泛推广，如超市、商场、酒店、旅馆、影剧院、体育馆、学校、图书院、疗养院、度假村、游泳池、浴室等公共服务领域以及在商业领域的应用包括制取热水、供暖供冷、织物干燥等。

案例 7　常山县某轴承有限公司典型案例

一、案例摘要

项目名称	常山县某轴承有限公司退火炉油改电项目		
投资单位	常山县某轴承有限公司	技术类别	金属热处理
业主单位	常山县某轴承有限公司	竣工日期	2015 年 5 月
投资模式	公司自筹	项目投资（万元）	180
项目年收益（万元）	150	静态回收期（年）	1.2
年替代电量（万 kWh）	172.8	年增加电费（万元）	138
年减少当地污染物排放量	每年节约燃油 486t，年减少二氧化碳排放量 1513.89t、二氧化硫 14.58t		

二、项目背景

1　替代前用能设备状况

退火工艺是轴承生产企业的重要生产环节。常山县某轴承有限公司从 2007 年增加退火车间后，原用退火工艺主要采用 1 台燃油退火炉进行，加热以柴油为主要燃烧材料，每吨产品退火需用燃油 45kg，耗电 50kWh。按年运行 8760h 计算，单台年耗油量 486t，折合年燃油费用约 243 万元。

2　替代前用能系统存在的问题以及电能替代的需求

替代前，采用燃油作为轴承退火处理存在一些问题：①燃油成本远远高于用电成本；②燃油污染大；③热效率低、能源浪费大；④燃油退火炉人工成本高。随着政府节能减排和大气污染防治工作的深入实施，衢州市和常山县政府开始出台相关政策，对使用燃油和煤炭等加热炉的企业进行政策干预，要求逐年、批量进行更换或淘汰。

三、技术原理及方案

1 技术原理

等温球化退火工艺方法是将轴承钢加热到 800±10℃，保温后快冷到 700±10℃（Arl 附近）再进行较长时间等温，等温时间为其加热保温时间的 1.5 倍。等温后随炉冷至 500℃左右出炉空冷。其主要目的在于降低硬度，改善切削加工性，并为以后淬火做好准备。这种工艺有利于塑性加工和切削加工，还能提高机械韧性。

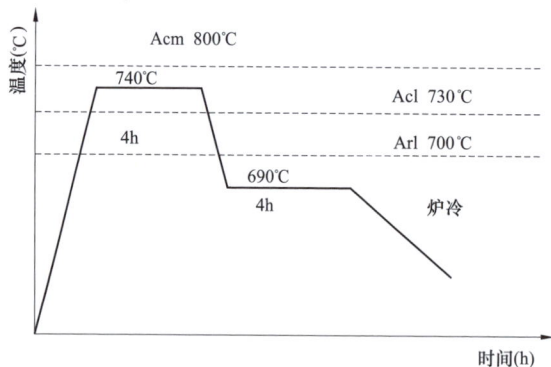

等温球化退火曲线图

等温球化退火炉的特点：

（1）井式结构；可以深埋地下，占地面积小，适应老厂技术改造。

（2）装载量适中，每炉 30t 左右，批量转运方便。

（3）采用电加热，热处理过程实现自动化，热处理工艺可追溯。

（4）炉衬全纤维结构，热效率明显提高，高效节能。

（5）炉底安装强对流风机，炉温上下均匀性好，精度 ±5℃，实际达到 ±3℃。

（6）采用氮气为保护气体，实现无氧化热处理，金属损耗少。

（7）装填料等操作方便，安全可靠。

等温球化退火后获得效果：①淬火效果均一；②减少淬火变形；③提高淬火硬度；

④改善工件切削性能；⑤提高耐磨性和抗点蚀性等轴承的性能。

2 技术方案

公司原有 1000kVA 配电变压器 2 台，800kVA 配电变压器 1 台，原 1 台柴油退火炉改为 1 台等温球化退火炉后，新增 400kVA 专用变压器 1 台用于车加工，原 800kVA 配电变压器变用于本期球化炉用电，需改建配电房，新增高配和电缆等设备。

改造后等温球化炉

3 可行性分析

随着科技发展，等温球化退火炉产品设备、工艺日益成熟，在轴承加工等领域得到广泛应用，并得到认可。

该项目改造前，每吨轴承退火处理需要用油 45kg，用电 50kWh。改成电加热后，每吨轴承退火处理需用电 160kWh，退火每吨产品约节约 138 元，约节省费用 50%。按年产 1.08 万 t 计算，年节约成本 149.04 万元。该项目总投资 180 万元（含电气部分），收益率 83.3%，静态回收期 2 年，项目效益明显。

四、项目实施

（1）实施流程：前期调研—与企业、政府相关部门沟通汇报—企业工作联系—方案编制—设备论证—设备采购—设备安装调试—投入运行—成效评估。

（2）项目实施流程中应注意的重要问题：根据企业实际选择中频电炉设备，根据设备容量，同步安排供电方案，做好供电保障。

（3）项目工期：5个月。

五、效益分析

（1）项目投产后，年替代电量172.8万kWh，新增电费收入138万元，节约运行成本149.04万元。

（2）项目环境效益：通过球化炉替代燃油炉，每年节约燃油486t，年减少二氧化碳排放量1513.89t、二氧化硫14.58t。

六、经验总结

为推广金属热处理电能替代，一是，必须加强与当地政府职能部门的沟通，通过当地政府职能部门的行政行为，督促用能企业进行技术升级改造；二是，要掌握企业实际需求，重点关注金属制品、轴承加工等企业情况，因地制宜的提供替代方案，获得企业认可，同时还要注意一下问题：

（1）做好用电客户容量的增容管理，增容容量依据实际安装功率计算。

（2）球化炉易产生谐波，影响电网质量，必须采取谐波治理装置。

七、推广前景

采用球化炉退火是一项先进的技术，与燃油炉退火相比较，其主要优点有：①用电和用油材料价格相差巨大，退火每吨产品约节约138元，约节省费用50%；②人工成本低，可节约50%；③采用氮气为保护气体，实现无氧化热处理，金属损耗少，可节约原材料0.5%~1%；④装填料等操作方便，安全可靠；⑤产品质量得到提高，可达到符合国际先进水平标准；⑥工作环境干净整洁，能达到环保部门的各项指标要求。综上所述，球化炉替代传统设备成为轴承企业的主流选择已经是不可逆转的一大趋势，也迎合了现代化建设绿色、可持续的发展主题，设备未来的发展有待生产企业的积极创新与改进。

第三章

以电代气

海盐某电器有限公司企业"全电"食堂典型案例

一、案例摘要

项目名称	海盐某电器有限公司企业"全电"食堂改造典型案例		
投资单位	海盐某电器有限公司	技术类别	全电食堂
业主单位	海盐某电器有限公司	竣工日期	2016 年 6 月
投资模式	企业自投	项目投资（万元）	27.5
项目年收益（万元）	4.43	静态回收期（年）	6.2
年替代电量（万 kWh）	0.96	年增加电费（万元）	0.43
年减少当地污染物排放量	年均能源消耗折算成标准煤后，可减少标准煤使用 9.95t，减少二氧化碳、二氧化硫等污染物排放 26.23t		

二、项目背景

1 企业概况

海盐某电器有限公司位于海盐县百步镇，拥有员工 500 余人，主要从事家用电器配件制造，企业自建有一个可供 500 人就餐规模的食堂，就餐人数保持在 380~400 人/餐。

企业食堂一角

2 改造前系统状况

该公司企业食堂改造前使用瓶装煤气作为烧菜燃料，共 3 个灶头，年消耗瓶装煤气 6750kg 左右（每瓶 12.5kg，月均消耗 45 瓶），按照瓶装煤气 90 元 / 瓶的单价计算，一年能耗费用约为 48600 元。

3 改造前用能系统存在的问题

煤气灶头燃烧效率不高，能源费用过高；使用时容易产生油烟和噪声污染；操作间温度高、工作条件差；企业食堂使用瓶装煤气量较大，日常堆放、更换也存在一定的安全风险。

改造前厨房局部照片

三、技术原理及方案

1 技术原理

电磁灶是利用交变电流通过线圈产生方向不断改变的交变磁场，处于交变磁场中的导体的内部将会出现涡旋电流，涡旋电流的焦耳热效应使导体升温，从而实现加热。电磁灶既安全又环保，将煤气灶改为电磁灶，既可以提高加热效率，减少油烟、噪声等污染物排放，又提高了安全系数。

2 技术方案

选用欧版单头大锅电磁炉 ϕ 800 锅电磁炉 2 台，额定电压 380V，额定功率 20kW/ 台，配备一炒一尾锅 1 台，额定电压 380V，额定功率 15kW。

技术方案表

炊具名称	产品规格	功率（kW）	数量	每天耗电量（kWh）	每天电费(元)	每月电费(元)
单头大锅电磁炉	ϕ 800 锅电磁炉	20	2	34	31	682
一炒一尾巴小炒灶	ϕ 500 锅电磁炉	15	1	3	3	64
合计				37	34	746
年费用合计	746×12=8952 元					

四、项目实施

该公司全电食堂改造由企业自主投资建设，全电食堂改造工程启动以来，海盐供电公司高度重视，迅速启动绿色报装通道，主动上门对接客户改造需求，实行专人全过程跟踪服务，用电检查人员结合企业历史用电情况，结合用电信息采集系统数据分析，指导用户开展用能优化分析，算好"安全"和"经济"账，打消了企业"气改电"工作顾虑。

经分析计算，业主单位既有配电设施供电容量满足使用要求，无需进行扩容升级，

改造后的电气化厨房1

改造后的电气化厨房 2

从报装申请到完成全电食堂设备安装调试和验收，仅用了 5 工作日就完成了食堂的"华丽变身"。

五、效益分析

该项目共投入 27.8 万元，其中电磁灶设备投资 12.5 万元左右，电磁灶台投入使用后，和原有的电力蒸饭车、消毒柜及其他电气化厨房用具一道，形成了全电气化食堂。食堂每月用电量约 800kWh，按照 11∶00~13∶00 低谷电价 0.4486 元/kWh 测算，全年运行使用费用约为 0.43 万元，与改造前相比，年运行费用可节约 4.43 万元。

六、经验总结

（1）制定电能替代整体解决方案。针对客户关心的投入、产出问题，现有配变容量能否满足改造后用电容量需求等客户关心的问题，海盐供电公司营销部牵头制定了

《海盐某电器有限公司全电食堂电整体性解决方案》，主动回应客户关切，用翔实的数据分析，打消客户顾虑，确保项目顺利开工。

（2）建立跨部门协同工作机制，协调解决工程实施过程中遇到的问题，确保客户全电食堂改造顺利推进。

（3）完善全电厨房用电安全服务。用电检查人员定期上门开展现场安全服务，确保客户"气改电"后用电安全无虞。

七、推广前景

改造后的全电食堂无油料及燃料带来的油烟、噪声污染，更干净整洁，既提高了食品安全卫生，提升了食堂就餐环境品位，同时又支持国家节能减排政策工作的开展，也有力推动了客户清洁生产企业创建工作。

该全电食堂建成后示范效果突出，目前已经有周边多家企业上门参观学习，询问相关建设运行情况，并有意进行全电食堂改造，具有非常好的推广前景。

一、案例摘要

项目名称	浦江县某集聚园区电压型机改造项目		
投资单位	浦江县某企业	技术类别	电压型机
业主单位	浦江县某企业	竣工日期	2016 年 6 月
投资模式	用户自主投资	项目投资（万元）	3580
项目年收益（万元）	280	静态回收期（年）	12.7
年替代电量（万 kWh）	1400	年增加电费（万元）	1120
年减少当地污染物排放量	以二氧化碳计算，约 180 万 m³		

二、项目背景

① 替代前用能设备状况

改造前，用户采用气压型机，主要用于某产品压型，使用液化天然气和氧气作为加热燃料，之前的气压型机约于 2011 年前建成并投运，设备 1.8 万元 / 台，设备效率在 55% 左右，设备年运行小时约 2000h，一台气压型机年耗液化天然气 500 瓶（约 1.75 万 m³），氧气 100 瓶（约 0.07 万 m³）。浦江县集聚区全部建成后约有企业 1000 余家，已投入使用的中部集聚区有企业用户 400 家，气压型机 800 余台，年耗液化天然气 40 万瓶（约 1400 万 m³）。氧气 8 万瓶（约 56 万 m³）。目前实施电能替代企业 100 家，气压型机 200 余台，年耗液化天然气 10 万瓶（约 350 万 m³），氧气 2 万瓶（约 14 万 m³）。

液化天然气、氧气的价格分别为 80 元 / 瓶、200 元 / 瓶；实施电能替代企业的能源费用为 1200 万元 / 年。天然气、氧气运输费及瓶的损耗费为 200 万元 / 年。总计费用 1400 万元 / 年。

2 替代前用能系统存在的问题以及电能替代的需求

（1）替代前用能系统存在的问题。气压型机最大的问题就是二氧化碳排放等废气放量太高，污染重、高能耗、产能低下，没有配套建设脱硫环保设施对周边空气、水环境造成较大污染。液化天然气属易燃易爆物，存在一定的安全风险。

（2）进行电能替代的需求及原因。电压型机年运行费用较气压型机较低，具有一定的经济效益，运行安全可靠。另外政府有环保要求，2015 年浦江县政府下发《关于印发浦江县大气污染防治清洁能源行动实施方案的通知》（浦政办发〔2015〕73 号），实施清洁能源战略。浦江供电公司为顺利实施电能替代工作，与县发改局、建设局、规划局、国土局、环保局等单位积极沟通，把握园区内各企业发展重点方向，为保障园区供电的良好环境做好前期谋划。提前完成中部园区电力配套建设，仅 100 天就完成了 4 条 10kV 线路、开闭所 5 座、开关柜 98 面、配电变压器 60 余台的安装工作，可谓浦江电网建设史的奇迹。及时地跟进电网建设和营销服务工作，持续开展园区配电设施的中间检查和竣工检验、组织送电 28 次，截至 2016 年 6 月底，累计完成中部集聚区专用变压器送电 51 台，容量 44680kVA。完成南部专用变压器送电 23 台，容量 14880 kVA。完成西部专用变压器送电 5 台，容量 5000kVA。

三、技术原理及方案

1 技术原理

（1）将气压型机换成电压型机的优点为节能环保、提升工艺、安全可靠性高。缺点为设备投资费用相对气压型机要高，电压型机还不适用于所有某产品，有一定的局限性。

（2）具体电能替代技术及原因。具体电能替代技术即为采用电压型机进行压型；主要原因为运行费用低、节能环保、安全可靠性高。

2 技术方案

（1）电能替代技术方案。将气压型机换成电压型机，一天平均运行约 8h，年运行小时数约 2000h 左右。

（2）技术方案实施的要求。将气压型机拆除，电压型机需要场地比气压型机要大，需要在生产车间预留更多的位置。在园区搬迁期间，浦江供电公司根据每个厂房的用电量，及时跟园区管委会沟通，调整变压器的基本电费方式由容量改为需量，节能基本电费，降低平均电价。

3 可行性分析

（1）项目投资模式：用户自主投资。

（2）项目初投资、运行费用、经济效益（收益率、静态回收期等）。电压型机每台设备投资金额约 20 万余元，年运行费用以每日最大 8h 计算，年运行小时数 2000h，用户的设备功率为 40kW 左右，电费 0.8 元 /kWh，年电费 6.3 万元 / 台。现采用电压型机替代有厂房 45 幢，某企业 100 余家，电压型机 179 台，经计算后原来每年气压型机总的各项费用为 1400 万左右，改造为电压型机之后每年的电费为 1120 万左右，运行费用比气压型机要省 280 万元 / 年。

（3）与采用气压型机相比，设备投资成本较大，运营成本稍低，生命周期长。

四、项目实施

浦江供电公司积极应对电力体制改革，适应增量配电投资放开和输配电价改革要求，主动对接政府部门，及时掌握县"一号"重点工程某集聚园区的供电需求。要求客户经理改变服务意识，从"坐等客户"向"上门营销"转变，优化业扩报装全流程服务模式，根据工业园区的特点，以改专线为公用线，以专用变压器、公用变压器相结合的方式，消化工业园区庞大的用电容量，充分营造为客户服务的理念。

在解决用电环境的情况下，供电公司技术人员上门介绍电能替代技术，宣传电压型机和气压型机优缺点和成本对比，并阐述政府的环境保护趋势和电能替代政府，量身定制用电方案，根据每幢厂房用户的设备容量，安装变压器容量。

五、效益分析

（1）新增售电量约 1400 万 kW，电费 1120 万左右，减少运行成本每年为 280W 左右。

（2）用户年减少约 180 万 m^3 二氧化碳排放量。

六、经验总结

电压型机运行方便，高效节能，安全环保，对压型工艺的企业有一定的推广价值。电压型机运行费用比气压型机要省，100 余家企业每年可节省运行费用 280 万元，但一次设备投资较气压型机要高。

七、推广前景

浦江县三个集聚园区完成后共计企业 1000 余家，目前已有中部某园区投入使用，完成电能替代用户 100 家，西部、南部园区建设完成后，同类型的加工企业完全可以采用中部园区的电能替代模式。

龙泉市某青瓷工艺品厂典型案例

一、案例摘要

项目名称	龙泉市某青瓷工艺品厂以电代气改造项目		
投资单位	龙泉市某青瓷工艺品厂	技术类别	电窑炉
业主单位	龙泉市某青瓷工艺品厂	竣工日期	2015 年 8 月
投资模式	用户自主全资	项目投资（万元）	10
项目年收益（万元）	5	静态回收期（年）	2
年替代电量（万 kWh）	17	年增加电费（万元）	15
年减少当地污染物排放量	减少当地污染物排放量 150t		

二、项目背景

1 青瓷行业现状

龙泉市青瓷企业总共约 600 家左右，各企业规模大小不一，龙泉市某青瓷工艺品厂是青瓷行业的龙头企业，在该厂区辊道窑电窑炉改造项目的示范引领下，将电窑炉节能技术应用到青瓷素烧工艺，龙泉各青瓷企业纷纷开始电窑炉节能改造，截至 2016 年共有 35 家青瓷企业完成电窑炉节能改造，将电窑炉技术应用到青瓷素烧工艺中。

2 替代前用能设备状况

龙泉青瓷由于独特的工艺配方和烧造技术，采用二次烧成，先素烧后烧成。预热阶段的温度为室温 –300℃，素烧阶段的温度在 300~1000℃，煅烧阶段的温度在 1000~1320℃，替代前该厂采用单体窑炉进行烧制，2 支单体窑炉年耗天然气 50 万 m^3，折合标准煤约 60t，占消耗总能耗的 90% 左右。

3 替代前用能系统存在的问题以及电能替代的需求

（1）替代前用能系统存在的问题：①替代前采用的单体窑炉烧制，其燃料为液化气，不仅成本高、能耗高，且温度不稳定很难控制，温度分布不均，导致青瓷制品成品率低；②工艺落后，影响质量和产量；③液化气属易燃易爆物品，运输、存储及使用都存在较高安全风险；④罐装液化气燃料价格变化剧烈，供应保障不易控制。

（2）实施电能替代的需求及原因：①市场发展及企业自身节能需求，瓷器行业是一个高耗能行业，其中烧成工序的能耗占总能耗的60%左右，实施节能改造，采用技术先进的窑炉并配以清洁燃料，在有效降低能耗水平、节约成本的同时，也减少了窑炉烟气排放对大气的污染，增加青瓷烧制过程中的安全性；②龙泉市政府高度重视青瓷产业发展，要求加大窑炉改造力度，着力降低能耗，提高竞争力，为龙泉市突破窑炉节能技术瓶颈，助推青瓷文化产业大发展。

三、技术原理及方案

项目将原来的2支单体液化气窑改造成2支电窑炉，电窑炉由阻热材料外壁、电阻丝及进出轨道组成（如右图），电窑炉电源通过独立配电箱接入，电窑炉内装有温度传感器，连接至计算机，窑炉内温度由计算机智能控制。

四、项目实施

（1）龙泉市供电公司营销部组织技术人员针对青瓷企业开展走访，

电窑炉结构图

了解青瓷企业用能现状。

（2）积极与电窑炉厂家沟通，收集各种类型电窑炉技术参数、能耗水平及实用性。

（3）联合市经信委组织节能宣传，宣传电窑炉在青瓷行业的应用，同时组织工作人员进企业，为企业讲解各类电窑炉技术原理及使用利弊，促进企业完成节能改造。

（4）该厂电窑炉改造项目新增电窑炉 2 台，容量分别为 80、30kW。新装 80kVA 变压器 1 台，为配合该厂以电代气电窑炉改造项目，龙泉公司在高压业扩项目中为该厂开辟绿色通道，安排专职客户经理全程跟踪服务。

五、效益分析

1 社会效益

（1）该厂作为龙泉青瓷行业小型电窑炉改造的先锋，发挥电窑炉改造的示范引领作用，推动电窑炉在青瓷行业的利用。

（2）该厂电窑炉改造采用特殊材料电阻丝，温度可高可低，高温运行下电阻丝不会出现熔断，稳定性大大提高，彻底改变人们认为电窑炉只适合低温运行的看法，有利于电窑炉在青瓷行业推广应用。

2 环境效益

电能属于清洁能源，电窑炉无需空气助燃，无燃烧废弃及废渣排出，对环境零污染。

六、经验总结

（1）减少企业生产成本。相比灌装液化气价格波动大，电价稳定，且一次投资后利用方便，免去灌装液化气运输的不便，该厂完成电能替代后，平均节省生产成本 30% 以上。

（2）增加企业生产的安全性，灌装液化气为易燃易爆物品，运输、储存过程中安全隐患极大，电窑炉相对安全稳定。

（3）提高青瓷产品成品率，液化气窑炉温度分布不均，温度不易控制，而电窑炉温度分布均匀、温度采用计算机智能控制，青瓷产品成品率大大提高。

（4）电能属于清洁能源，电窑炉无需空气助燃，无燃烧废弃及废渣排出，对环境零污染，符合政府部门发展规划要求。

七、推广前景

小型电窑炉具有改造投资少、温度高低易控、炉内温度分布均匀、无污染物排放、安全稳定、产品成品率高且电价成本稳定易于企业成本控制管理等优势，龙泉市青瓷企业众多，大多为小企业、家庭作坊，窑炉规模小，小型电窑炉电能替代潜力巨大，推广前景巨大。

案例 4 温岭市某某镇中学食堂电炊具典型案例

一、案例摘要

项目名称	温岭市某某镇某中学食堂电炊具项目		
投资单位	某镇某中学	技术类别	食堂厨炊电气化
业主单位	某镇某中学	竣工日期	2016 年 1 月
投资模式	用户自主全资	项目投资（万元）	18.5
项目年收益（万元）	2.06	静态回收期（年）	9
年替代电量（万 kWh）	14.64	年增加电费（万元）	7.88
年减少当地污染物排放量	减少燃烧 90t 标准煤，减少二氧化碳排放 250t		

二、项目背景

1 替代前用能设备状况

（1）替代前用能系统基本情况：某镇某中学的燃煤锅炉房已使用十多个年头，满足学校 1000 多名师生的蒸汽蒸饭和热水供应。

（2）替代前使用能源种类、价格、能源费用。该中学燃煤锅炉为 0.5t 锅炉，能源种类为煤炭，年耗煤量 95t。

2 替代前用能系统存在的问题以及电能替代的需求

（1）替代前用能系统存在的问题：锅炉的烟囱有三层楼高，排出的烟尘使周边的窗户都积了一层厚厚的灰，附近居民连窗也不敢开，而且早晨 4 点多就要开始烧锅炉，噪声影响大。

（2）进行电能替代的主要原因是由于政府的环保要求和附近居民对环境保护要求提高，该中学以政府出台高污染禁燃区建设和淘汰燃煤锅（窑）炉实施计划为契机，推进学校燃煤锅炉改造，其次也考虑到燃煤锅炉的各项运行成本及方式带来的不利因素，故进行食堂煤锅炉改造为食堂厨炊电气化。

三、技术原理及方案

1 技术原理

（1）将食堂煤锅炉改造为食堂厨炊电气化；优点是节能环保。缺点是费用相对于燃煤要高。

（2）电能替代技术及原因。采用电蒸饭车、电蒸气发生器、空气能设备进行蒸汽蒸饭和热水供应，节能环保。

（3）电能替代技术的关键性能指标。空气能设备机组能效比（COP）值平均在 4.0 以上，燃煤锅炉然煤锅炉的能效比（COP）一般只有 0.3 ~ 0.7，此项为关键性能指标。

2 技术方案

将食堂煤锅炉改造为食堂厨炊电气化，新增设备 122W，将学校变压器由 63kVA 增容至 250kVA。

3 可行性分析

（1）项目投资模式：用户自主投资。

（2）项目初投资、运行费用、经济效益（收益率、静态回收期等）：投资金额约 18.5 万余元，年运行费用以每日最大 6h 计算，用户的设备功率为 122kW 左右，经计算后原来每年燃煤锅炉总的各项费用为 7 万左右，改造为食堂厨炊电气化之后每年的电费为 7.87 万元左右，费用有所上涨。

（3）相对而言，与采用煤锅炉相比，投资成本较大，运营成本稍高，生命周期长。

四、项目实施

温岭市供电公司客户服务中心主动出击，大力推进学校燃煤锅炉改造。把 0.5t 煤锅炉改为食堂厨炊电气化，取得了节能和环保的双赢，预计"煤改电"后每年节约煤炭 90t；减少燃烧 90t 标准煤，减排二氧化碳 250t。

改造前的 0.5t 燃煤锅炉

改造后的电蒸饭车

五、效益分析

（1）新增售电量约 $6 \times 122 \times 200 = 14.64$（万 kW），电费为 $14.64 \times 0.538 = 7.87632$（万元）左右，增加运行成本每年为 1 万元左右。

（2）减少燃烧 90t 标准煤，减排二氧化碳 250t。

六、经验总结

该项目主要是由于政府强制措施要求整改。由于改造后运行成本上升，所以用户一般不愿轻易改造的，若有政府相关的补贴，或许有更多的用户愿意主动进行改造。

项目实施中需加强用户接地系统管理，电源进线 N 线应重复接地，接地电阻要求小于 4Ω。

七、推广前景

学校食堂厨炊电气化改造不仅能腾出燃煤及煤渣的堆放场所，又能消除燃煤锅炉使用过程中带来的二氧化硫、粉尘等的大气污染，有效改善校园空间环境，使校园更加清洁和环保。目前温岭全市 31 所中小学食堂大都以 0.1~1t/h 小锅炉为主，具有一定的改造推广潜力。若这些学校全部采用食堂厨炊电气化改造，能有效减少有毒有害气体在校园排放，促进学生健康成长。

第四章

岸电技术

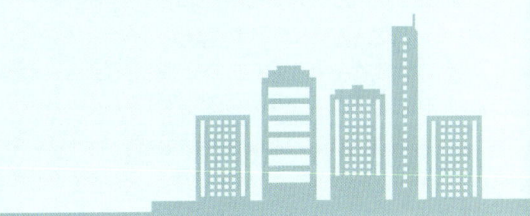

案例 1 宁波低压岸电全覆盖项目典型案例

一、案例摘要

项目名称	宁波低压岸电全覆盖项目推广建设		
投资单位	宁波市内各区县港口码头公司	技术类别	港口岸电
业主单位	宁波市内各区县港口码头公司	竣工日期	2016 年 12 月
投资模式	用户自主全资	项目投资（万元）	1050
项目年收益（万元）	175	静态回收期（年）	6
年替代电量（万 kWh）	240	年增加电费（万元）	180
年减少当地污染物排放量	减少二氧化碳、硫氧化物等污染物近 172t		

二、项目背景

随着我国经济的快速发展，以煤炭和石油为主的化石能源消耗持续增加，大量有害气体的排放导致区域性大气环境问题日益突出。为了缓解大气污染防治压力，宁波供电公司积极主动地进行"电能替代"的探索和实践，推动整个宁波市低压码头岸电建设，努力创建与能源发展方式转变和能源战略转型相适应的"绿色低碳码头"，进而摸索出一套"产品化设计，规范化建设，沿海、沿江、沿河低压码头岸电全覆盖"的低压岸电推广建设模式。通过全面推进码头低压岸电全覆盖建设工作，降低船舶在码头停泊期间对煤炭、柴油等化石能源的消耗，鼓励使用清洁能源，做到港口码头生产运营过程低碳、低污染。

三、技术原理及方案

通过摸清、摸透本地区沿海、沿江、沿河码头的物流运输、船舶停靠、岸电使用等相关情况，联合码头业主、船运公司、低压岸电设备制造企业共同推广低压船舶接岸电技术。根据低压岸电码头清单，逐一开展低压岸电推广建设工作。在 2016 年 10 月底前实现全宁波市沿海、沿江、沿河码头低压岸电全覆盖。

2016 年宁波低压岸电全覆盖指标任务计划表如下。

2016 年宁波低压岸电全覆盖指标任务计划表

序号	单位	码头低压岸电建设计划数
合计		211
1	市区	44
2	镇海	29
3	北仑	86
4	杭湾	0
5	鄞州	4
6	慈溪	0
7	余姚	1
8	奉化	3
9	宁海	12
10	象山	32

四、项目实施

（1）成立岸电推广小组，确保岸电建设有序进行。宁波供电公司副总经理亲自推动，营销部主任靠前指挥，各单位分别建立以主要负责人为组长的领导小组，邀请码头电气专家，集合内部营销骨干，组建低压岸电项目推广小组，为低压岸电项目建设推广提供人才保证。为了更好地开展低压岸电建设工作，岸电推广小组在工作开展前制订了 2016 年推进低压岸电全覆盖工作行动计划。

（2）现场走访码头前沿，做好岸电考察调研。低压岸电项目推广小组现场走访宁波所辖区域沿海、沿江、沿河的所有码头，对码头的物流运输、船舶停靠、用电模式、发展规划等方面进行实地考察调研。填写《码头低压岸电信息登记表》，收集和完善码头基础信息，建立码头低压岸电项目"一户一档"制度，并在后续不断健全低压岸电项目资料库，为岸电项目推广建设提供数据支撑。

（3）着眼码头发展现状，推动岸电产品化设计。宁波供电公司结合散货码头、渔港码头等多处码头的基本情况，以"操作简便、价格低廉、设计规范、便于推广"为原则，积极与电气设备生产企业沟通接洽，通过委托产品研发的方式，设计了适合宁波地区码头的四款标准配置低压岸电箱，并制作《低压岸电箱产品宣传手册》，方便码头业主按照实际需要直观、便利的选用相应成品设备。成品岸电箱型号规格包括岸电用电容量、是否带计量装置等，每一种配置均提供固定报价。岸电产品化设计可以降低码头岸电建设的设计成本，缩短码头岸电的建设周期，为码头低压岸电推广建设提供技术支撑。

（4）优惠政策和技术保障并举，落实岸电规范化建设。对于码头低压岸电项目的推广，公司采用"固定采购价格、标准设备配置、定址安装施工"的规范化建设和实行"设备零利润，施工费全免"的优惠政策。在低压岸电的建设过程中，全程为码头岸电系统的合理规划布局提供专业技术咨询和保障。安排专业人员对码头进行定点勘测，分析码头的供电能力、现有线路分布现状，指导修改平面走线图，力求码头布线科学、规范、经济，岸电箱、接引电缆等新增设备安全、可靠、便于操作。对先前已经安装低压岸电设备的码头，其中设备不符合规范的及时进行整改，确保安全可靠。

（5）归纳梳理岸电推广成果，多平台、多角度加强推广宣传。对成功投入使用的低压岸电项目进行梳理总结归档，最终形成全宁波市低压岸电项目建设资料库。会同政府相关部门合力宣传低压岸电推广工作，开展低压岸电项目推广会，邀请码头业主、船运公司、低压岸电设备制造企业参会。各供电分局对辖区内所有码头进行上门宣传和推广，确保主动服务无死角。利用各种渠道大力宣传岸电项目优势，将运营状况优秀、环境改善明显的岸电项目作为优秀的电能替代项目及时汇报所在地政府，取得政府的肯定和支持，从而为项目推广建设提供政策支撑，为低压岸电标准化、常态化运营打下坚实的基础。

（6）做好岸电建设推广管控，合理开展专业管理的绩效考核。开展每月通报，内容包括指标完成情况、近期工作开展情况、重点项目推进情况、存在问题和困难、工作亮点等。同时，低压岸电推广建设情况纳入绩效考核体系中，由考评小组根据工作业绩进行考核，考核指标见下表。

绩效考核指标

序号	专业指标	单位	指标定义	目标
1	建设计划完成率	%	低压岸电项目建设完成数/建设计划数×100%	100
2	任务完成按时率	%	低压岸电项目按时完成建设任务次数/建设任务数×100%	100

五、效益分析

在宁波舟山港码头设立试验点，对项目效益进行测算。港区用电约 1 元 /kWh（用电销售价格），岸电销售价格 2 元 /kWh（港口自定价格），码头自有船舶累计接电33 艘次，累计接电时间 211.8 h，用电 5820kWh，成本约 5900 元，若使用柴油则需3374.6kg，成本 21600 元，自有船舶节约成本 15700 元，节支率达 73%。减少二氧化碳、硫氧化物等污染物排放达 3.37t，排放量减少 90% 以上，极大改善了港区试验点的空气质量，同时减少了船舶的振动和噪声污染，船员生活质量明显提高。若宁波舟山港 56 个岸电点全部建设完成，按照全年接电船舶 5000 艘次计算，将累计增售电量约 1100 万 kWh，增加售电收入约 840 万元，节约燃油成本 340 万元，减少二氧化碳、硫氧化物等污染物近 800t。

六、经验总结

（1）产品化设计助力低压岸电规范化建设。在开展低压岸电产品化设计之前，岸电推广小组调研发现，码头已有低压岸电项目的建设规范不统一，造成船舶接舶时用电容量不足、电缆过短、计量不准确等问题的出现。低压岸电的产品化设计促成成品岸电箱型号规格（如岸电用电容量、是否带计量装置等）有了固定的标准，且每一种配置均提供固定报价，使得客户购买低压岸电设备的过程如同购买空调等常规电器设备，购买体验良好，乐于接受。此外，岸电产品化设计可以降低码头岸电建设的设计成本，缩短码头岸电的建设周期。

（2）积极推动低压岸电项目标准化建设、常态化运营。公司通过积极主动与政府部门沟通合作，共同开展岸电技术标准的研究和制定，规范码头向船舶售电的计量、计费方式，推动支持岸电发展的相关政策法规尽快出台。以码头低压岸电系统标准化、规范化运作为起点，切实提高码头低压岸电使用率。

（3）继续加强船舶接岸电这类电能替代典型案例的媒体宣传、推广。使更多的码头业主、船舶公司认识到岸电项目电能替代工作的优势，积极主动地参与到节能减排工作中来，为共同构建宁波"绿色码头，清洁岸电"贡献自己的力量。

七、推广前景

低压船舶接岸电技术在产品化设计、规范化建设后，建设日益方便，供电更加稳定。同时，合理化的设计建设标准，使得船舶在岸电接舶过程中操作简单、插接电速度快且不影响船舶靠岸，受到船方的广泛欢迎。更重要的是，码头石油类能源消耗和高污染物排放规模有明显下降，具有良好的环境保护、节能减排效益。

一、案例摘要

项目名称	浙江舟山智能港口岸电电能替代项目		
投资单位	舟山供电公司	技术类别	低压智能岸电
业主单位	国家海洋研究二所	竣工日期	2016 年 10 月
投资模式	商业模式投资	项目投资（万元）	119.02
项目年收益（万元）	47.3	静态回收期（年）	2.53
年替代电量（万 kWh）	94.8	年增加电费（万元）	74.6
年减少当地污染物排放量	减少排放二氧化碳约 3.38t、二氧化硫约 0.0948t、氮氧化物约 0.688t、烟尘颗粒 0.0189t		

二、项目背景

近年来，随着国家经济持续快速发展，内河码头建设的步伐越来越快，船舶停靠码头的数量和密度大幅增加，需要消耗大量燃油，形成了规模壮观的"海上流动烟囱"。船舶燃油供电受船舶自身设备质量、规模、品质等局限性影响，燃油利用率不高、损耗严重，且船舶柴油机产生的过剩电能不能储存，消耗了大量的能源，造成了大量浪费，也对码头城市环境造成了巨大的破坏。

舟山拥有得天独厚的深水港口和航道资源优势，岸线总长 2444km，主要深水岸段有 38 处，水深在 15m 以上的有 200.7km，其中水深在 20m 以上的 103.7km，是中国东南沿海建设大型深水港的理想港址。航道众多，水深流稳，终年不冻，主航道可通行 20 万～30 万 t 级巨轮。港内锚泊水面 1000 多 km²，遮蔽性能好。2011 年，舟山港年吞吐量在 1.5 亿 t 以上，名列中国沿海港口第 9 位。科考码头位于浙江舟山境内，现需要岸电改造的是沿港口建设两个岸电泊位，主要为科考船和公务船只使用，最大冲击负荷为 400kW，配电室到泊位最远距离 550m（取 50m 余量），科考船泊位，检修期间停靠，月平均停靠 100h，按充电效率 90% 计，月平均充电为 90 h。公务船泊位，月平均停靠 240 h，按充电效率 90% 计，月平均充电为 216 h。

三、技术原理及方案

项目分为码头沿岸变电低压装置和充电桩装置两部分。

1　低压智能岸电电能替代技术原理和组成

由 0.4kV 电缆馈取电，经过敷设线缆，到达码头泊位供船舶。主要设备包括低压配电柜、补偿柜等。整体结构由变压器、功率单元、控制部分组成，具体如下：

（1）低压无功补偿 / 有源滤波装置。装置主要由不锈钢箱体、配电综合测控仪、复合开关、电容器、通信终端、单组电容器保护器件、避雷器、电源总开关、采样及测量用互感器、电容器组运行状态指示灯等构成。主要功能特点如下：采用不锈钢外壳，做喷塑或钝化处理，外观整洁美观、耐老化、抗腐蚀、高寿命；结构设计紧凑合理、布线整齐大方，维护方便，散热和密封措施完美结合，宜户外运行；可采用编码、全△、全 Y 或△ +Y 等多种补偿方案，固定补偿、静态补偿、动态补偿相结合，成本经济且补偿效果良好；具备过压、欠压、缺相、谐波超限、过载、断路等保护功能；具备电压监测、负荷监测、谐波监测、电量累计等数据监测和统计功能；具备 RS232/485 通信接口、可采用有线、无线、抄表器、GPRS/CDMA 等通信方式；具有单机或网络版后台管理软件，对数据进行统计、分析、图形显示、报表打印。

（2）有源电力滤波器（Active power filter，APF）是一种用于动态抑制谐波、补偿无功的新型电力电子装置，它能够对不同大小和频率的谐波进行快速跟踪补偿，之所以称为有源，是相对于无源 LC 滤波器只能被动吸收固定频率与大小的谐波而言，APF 可以通过采样负载电流并进行各次谐波和无功的分离，控制并主动输出电流的大小、频率和相位，并且快速响应，抵销负载中相应电流，实现了动态跟踪补偿，而且可以既补谐波又补无功。

2 低压智能港口岸电电能替代技术的特点

本方案将建设两套沿海码头典型以电代油、智能用电特色的码头船舶岸电系统，系统以坚强电网为基础，通过先进的控制和测量技术与先进的仪器设备技术，以实现多元化满足用户需要的供电终端，实现船舶用电的可靠、安全、经济、稳定、安全的总体目标。系统技术模块程度高，并且多项技术申请国家专利，具体特点如下：

（1）电源供电质量保障。船舶电网为独立系统，各大船级社对船舶的电源质量要求颇高。为保障岸电设备供电能力满足船舶相关检验规范要求，本方案涉及的岸船电源接口设备、电源质量将申请中国或国际船级社的检验认可证书，船方受电认可度将自然获得通过。

（2）信息端口开放化。岸电电源的外围接口为开放式系统，提供对外数据接口，实时将电源的运行工况上传和下传上位机，实施电网运行和船方用户的远程监控、报警及规范安全操作许可警示。

（3）船岸连接便捷化。通过航空插头，安全快捷。

（4）运行智能化控制。船岸采用光纤传输以太网通信技术，实现船岸同时监测，电量参数反馈、数据互传共享、报警信息传递等功能；实现船岸电量参数电压、电流、频率、负载的闭环控制和保护控制，让船、岸系统更加可靠、稳定。

（5）友好的人机对话界面。实时的监控报警，实时显示岸电、船舶受电电网的运行工况和电量参数；各种报警、故障的显示并存储记录。

（6）保护功能。对过电流、短路、过电压、欠压、逆功率、负载不平衡、绝缘低、接地等故障进行保护，各类保护点设置多大上百种，确保设备和人身安全。

四、项目实施

低压智能岸电技术的推广，对节能减排、绿色经济和环境治理有重要意义。国家电网公司作为能源供应行业中的大型企业，有着高度的社会责任感和使命感，对环境保护等重大问题高度关注，以国家海洋研究二所的码头作为典型的"港口岸电"项目，理解岸电技术的基本概念，解决岸电系统的关键问题、设计和规划岸电技术的实施方案，寻求实施岸电技术试点，继而在全国港口、航运交通运输业中推广岸电技术是目前加快实现低碳交通、深化治理港口环境的重要工作。

本项目对科考码头低压岸电系统进行新建，配置的智能电能替代低压岸电系统由岸电人机交互操作平台、岸电配电柜、岸电监控系统和计量计费系统等组成，全系统具备安全保护及报警功能；电源采用10kV/50Hz输入，由码头开闭所接入，400V/50Hz，为停靠该码头的船舶供电，配置2套岸电系统，容量2×400kVA。

五、效益分析

推广岸电技术，对节能减排、绿色经济和环境治理，有着重大经济效益和社会效益。以港口电网供电代替传统的自备燃油机发电机供电具有如下优点：①节约船舶靠港供电的成本；②可以直接节省船舶自身发电设施的维护费用。

根据计算科考码头船只年平均停靠1400h，公务船泊位月平均停靠240h，按充电效率90%计算，月平均充电为216h。每kWh电力公司成本为0.839元。柴油机的燃油耗率暂估约为230g/kWh。据相关资料显示，进入港区后船舶使用柴油，油价为8000元/t。一般情况下，标准的柴油密度在0.86kg/L左右，所以使用柴油机发电的话，可以算出其电力成本为 $8000 \div 1000000 \times 280 = 1.84$（元/kWh），并且伴有大量的污染物、污染气体的排放。该项目一年可减少排放二氧化碳约3.38t、二氧化硫约0.0948t、氮氧化物约0.688t、烟尘颗粒0.0189t。

六、经验总结

（1）本工程是舟山建设绿色循环低碳码头的重要举措。码头岸电的建设将进一步提高舟山航线的开发、合作及交流优势，极大地支持舟山低碳城市经济的发展，更好地为舟山发展需要服务。

（2）可以提高城市环境质量，节能减排环保效益突出。

（3）使用岸电的船舶业主可以更好地抵御国际油价的波动。相比船舶的自备发电机，专业电厂机组的发电效率较高，排放处理更加专业高效。从船舶业主的角度来看，国际原油价格的不断攀升也造就了靠港船舶使用燃油发电成本不断升高，使用岸电技术，也会降低船舶靠港的运营成本。

（4）改善码头工人的工作环境。采用码头岸电技术后靠港期间船舶柴油发电机产生的巨大噪声消失，相关系统可大大减轻船员工作量，船舶无震动、无噪声，船员生活质量得到提高的同时，设备使用寿命也得到有效延长。此外，码头工人的工作环境也得到很大的改善，在一定程度上体现了"以人为本"的理念。

（5）低压岸电项目具体的效益分析。本项目预期收益按照售电收入效益（电费基础上加收服务费的形式）进行测算：①电力公司可以显著增加售电量；②在此基本电价基础上，可以考虑加收服务费形式获得收益。根据港口实地调研数据，以船舶功耗约 600kW、单泊位月均停靠 500h、每年 12 个月停靠计算，则单泊位每年增加岸电电能替代电量 94.8 万 kWh，基本电量消费额 $0.7871 \times 94.8 = 74.6$（万元）。其中，年岸电电能替代电量取决于港口岸电设施的利用率。

（6）服务收益分析。如果岸电服务费按照 0.7128 元 /kWh 收取，按以上数据进行计算，单泊位每年可实现电能替代 94.8 万 kWh，收取服务费实现项目收益 67.58 万元，假设电力公司分成 70%（具体实际比例可由电力与码头方商议），电力公司年项目收益为 47.3 万元。以投资额 120 万元计算，按照服务收益则项目静态投资回收期为 120/47.3=2.53（年）。

（7）根据低压岸电项目具体的效益分成进行维护，由电力公司出资运行维护和用户进行监管，防止设备破坏。

七、推广前景

低压智能港口推广岸电技术，对节能减排、绿色经济和环境治理有着重大社会效益和环境效益。在舟山港口、航运交通运输业中推广低压智能岸电技术可加快实现低碳交通、深化治理港口环境起重要工作。低压智能港口岸电电能替代项目前景空间巨大，但需要我们探究其商业化的合理性以及结算电量的政策性问题。在让企业得到收益的同时，能积极推动电能替代和开拓岸电市场。

第五章

其他电能替代技术

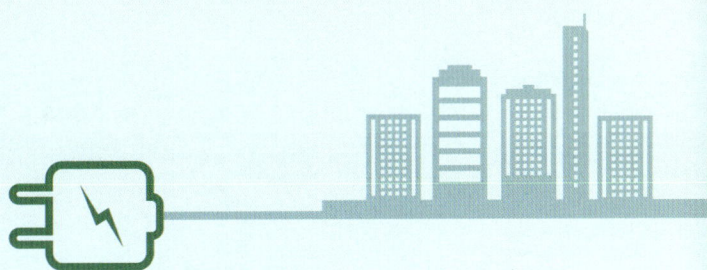

案例 1 宁波市某公共交通有限公司绿色公交改造典型案例

一、案例摘要

项目名称	鄞州区绿色公交改造工程		
投资单位	宁波市某公共交通有限公司	技术类别	电动汽车
业主单位	宁波市某公共交通有限公司	竣工日期	2016 年 12 月
投资模式	用户自主全资	项目投资（万元）	13500
项目年收益（万元）	1700	静态回收期（年）	8
年替代电量（万 kWh）	600	年增加电费（万元）	420
年减少当地污染物排放量	减少二氧化碳 3170t		

二、项目背景

① 替代前用能设备状况

鄞州区绿色公交改造工程涉及三条公交线路，共 37 辆公交车，其中天然气公交车 25 辆，柴油、电混合动力 12 辆。天然气公交车行驶路线 82.5km，每天发车来回各 14 趟，一次充气行驶里程为 500km，25 辆车年产生 2500t 二氧化碳。柴油、电混合动力公交车行驶路线 34.2km，每天发车来回各 14 趟，12 辆车年产生 670t 二氧化碳。

② 替代前用能系统存在的问题以及电能替代的需求

相比汽油、柴油车来说，天然气公交车和柴油、电混合动力公交车虽然油耗低、污染相对小，但超级电容公交车零排放，更有利于节约能源和减少二氧化碳排放量，对改善大气环境优势更明显。

三、技术原理及方案

1 技术原理

超级电容器是利用双电层原理的电容器。当外加电压加到超级电容器的两个极板上时，与普通电容器一样，极板的正电极存储正电荷，负极板存储负电荷，在超级电容器的两极板上电荷产生的电场作用下，在电解液与电极间的界面上形成相反的电荷，以平衡电解液的内电场，这种正电荷与负电荷在两个不同相之间的接触面上，以正负电荷之间极短间隙排列在相反的位置上，这个电荷分布层叫作双电层，因此电容量非常大。当两级板间电势低于电解液的氧化还原电极电位时，电解液界面上电荷不会脱离电解液，超级电容器为正常工作状态（通常为3V以下），如电容器两端电压超过电解液的氧化还原电极电位时，电解液将分解，为非正常状态。由于随着超级电容器放电，正、负极板上的电荷被外电路泄放，电解液的界面上的电荷相应减少。由此可以看出：超级电容器的充放电过程始终是物理过程，没有化学反应。因此性能是稳定的，与利用化学反应的蓄电池是不同的。

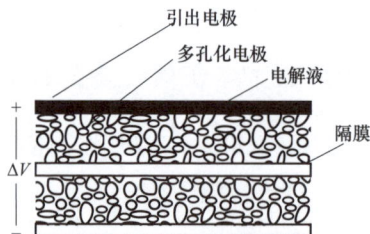

超级电容器原理图

2 技术方案

超级电容最主要的应用是用来稳定直流电线电压。在汽车领域的应用，因为其具有快速吸收和释放能量的能力，更适合于实现再生制动机制，所以用来保护各种引擎控制部件和微控制器免受瞬态负载突变导致的电压暂降的干扰。

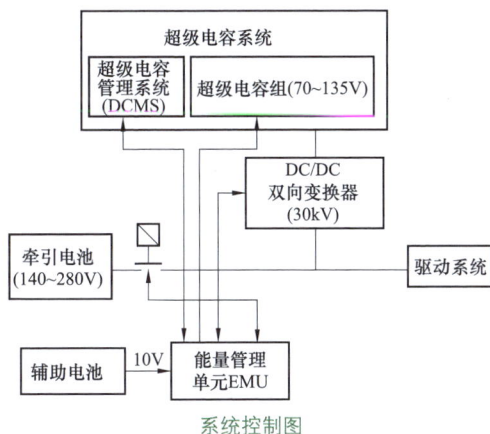

系统控制图

3 可行性分析

超级电容作为储能装置应用于无轨电车，足以供给短程所需能量，并且充电时间短，停靠站点时间可用于为超级电容充电。续驶里程 5km，充电时间 15~30s，制动能量利用率 ≥ 85%，单位能耗 ≤ 0.8kWh/km（不开空调），最高时速 70km。目前正在研发依托超级电容 + 钛酸锂电池、准超级电容等的新方案，其续驶里程将达到 15km 甚至 20km 以上，具有很强适应性，完全能满足城市各类公交的需要。

四、项目实施

本项目共实施 3 条公交线路，分别为 177 路、639 路、909 路，公交线路长度共计 116.7km。3 条线路共投运 45 辆电动汽车，需新建中间站点充电设备（630kVA 箱式变压器）7 座；场站站点充电设备（2×200kVA 箱式变压器）5 座。其中利用原有 196 路的站点 2 座（顾家站及市泌尿肾病医院站），共用新建的站点 1 座（江陆村站）。

三条线路预计投放 45 台车，发车间隔高峰时段 5~8min、其他时段 10~15min。

五、效益分析

我国发展超级电容器的产业政策和市场需求前景可观，市场潜力较大。该项目的建设不仅可以促进我国新兴超级电容产业的快速发展，还可有效满足当前市场需求，促进我国低碳环保业及相关产业链快速发展，具有良好的社会效益和经济效益，同时对于促进经济社会可持续发展有着长远的意义。

六、经验总结

新能源汽车是一项降低汽车燃料消耗量、缓解燃油供求矛盾、减少尾气排放、改善大气环境、促进汽车产业技术进步和优化升级的重要举措。应加强与区交通局、城乡公交公司的对接，明确车辆采购订单和合同形式，加快储能式无轨电车的推广应用。

七、推广前景

储能式无轨电车技术先进，适应性强，符合国家产业导向，市场潜力巨大。宁波市已被正式纳入国家公交都市创建城市，国家将在清洁能源公交车辆等方面给予政策和资金支持（根据财政部文件，超级电容公交车可获得每辆一次性中央补贴 50 万元，还可获得宁波地方财政按中央财政补贴资金 1 ：1 比例的额度给予补贴）。

随着环境保护意识的提高和能源危机的日益严重，北京、上海、广州、南京等城市开始重新评价和认识无轨电车，加大了无轨电车的投资和建设力度。专家预言，新型无轨电车将成为以"环保世纪"著称的 21 世纪常规城市绿色公交的主力。

一、案例摘要

项目名称	新能源电动汽车替代项目		
投资单位	江山市政府、上海某新能源公司、衢州某公司	技术类别	电动汽车
业主单位	上海某新能源公司	竣工日期	2016 年 3 月
投资模式	三方合资	项目投资（万元）	4000
项目年收益（万元）	/	静态回收期（年）	/
年替代电量（万 kWh）	45	年增加电费（万元）	38
年减少当地污染物排放量	年减少二氧化碳排放量 280 万 m^3，减少二氧化硫排放 2t，减少烟尘排放 0.3t		

二、项目背景

1　能源消费的现状

汽车的发展引起了地球资源的过大消耗。地球上的能源是有限的，能源紧缺是全人类面临的越来越严重的问题，关系到全球的经济与军事安全。我国的能源问题已经成为国民经济发展的战略问题，从国家安全角度出发，石油资源已经和国家安全、经济发展紧密地联系起来，能源的稳定供应是一个国家所关注的重点，也是我国能源安全战略的核心内容。如果继续按照传统的能源动力系统发展下去，将难以持续我国这个泱泱汽车大国的兴起。

2　传统汽车存在的问题

汽车在给人们带来便利的同时也污染了环境。汽车尾气的排放引起了城市的温室效应，同时也引起了臭氧层的破坏，形成酸雨等大气环境问题，进而对动植物产生很大的危害。随着生活水平的提高，人类对生存环境的要求越来越高，降低汽车的尾气排放的呼声也与日俱增。

面对资源紧缺与环境保护问题，发展电动汽车成为汽车工业发展的主流趋势。

汽车尾气是造成大气污染的元凶之一

三、技术原理及方案

1 技术原理

电动汽车是指用车载电源为动力，电动机驱动车轮行驶，符合道路交通、安全法规各项要求的汽车。电动汽车应具有汽车的性能和属性，但动力线路与原内燃机动力线路不同，又具有电力车辆的基本特征。电动汽车通常被分为蓄电池电动车、混合动力电动汽车和燃料电池电动汽车三大类。

电动汽车的特点：

（1）环保。电动汽车在行驶过程中实现零排放，即使将电动汽车所耗电量全部折算到燃煤发电厂发电电量的排放，也优于传统汽车，因为燃煤发电厂有更为严格减排治污管理。

（2）经济。除地方政府给予电动汽车补贴，普通轿车型电动汽车百公里耗电16kWh，按居民电价算约8元，以公共充电桩电价也只有19元左右，远低于燃油汽车。

（3）噪声小：电动机在运行中的噪声和振动水平都要远远小于传统内燃机。在低速情况下，电动汽车的舒适性要远高于传统汽车。

（4）节能。电动汽车的百千米耗电量为 16kWh，算上发电厂和电动机的损耗之后，百千米的能耗约为 7kg 标准煤。传统汽车按百千米耗油量 10L 计，能耗约为 10kg 标准煤。此外，在城市的拥堵环境里，电动汽车的节能优势会进一步放大。

（5）结构简单，维护方便。比较电动汽车和传统汽车的底盘、动力组成，电动汽车的结构更加简单。电动汽车不再需要复杂的传动机构和占据了大量空间的排气系统，维护起来更加方便，同时空间也得到了大幅的扩展。并且，电动汽车还能方便地实现四轮驱动。

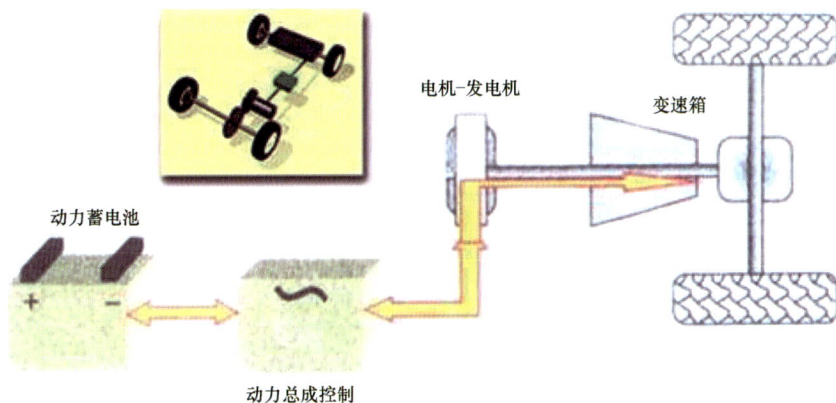

电动汽车驱动结构图

2　技术方案

为落实国家新能源发展、大气污染防治、节能减排和智慧城市建设要求，江山市供电公司结合当地旅游资源，积极助推衢州某公司与江山市人民政府以及上海某新能源汽车运营服务有限公司三方合作，由政府负责出地，衢州某公司负责建设充电桩、上海某新能源汽车运营服务有限公司负责投放车辆及日常的运行维护。本次新建的全部为 7kW 低压交流充电桩，2016 年度计划分三期实施，共计建设 200 个充电桩，全部利用原有变压器，接于变压器低压侧。

3 可行性分析

（1）介绍项目投资模式。由衢州某公司、江山市人民政府及上海某新能源汽车运营服务有限公司三方合作投资建设，其中政府负责土地流转，衢州某公司负责建设充电桩，上海某新能源公司负责投放车辆及日常的运行维护。充电桩及配套设施建设合计费用 500 万元，电动汽车购置费用 3500 万元，共计 4000 万元。

（2）与传统汽油车的对比分析。将电动汽车与传统汽油车方案进行比较分析，按照每日每车行驶 100km 计算，不考虑运维检修费用，现将本工程运行费用预估见下表。

工程运行费用表

项目	汽油车	电动汽车
数量（辆）	110	
年平均千米数（km）	36500	
年平均耗油（电）	3000 L	4015kWh
能源单价	6.05 元 / L	0.8449 元 /kWh
运行费用	198 万元	37.3 万元

电动汽车方案比传统汽油车方案年节省燃料费用 80%，约为 160 万元。

四、项目实施

该项目从 2016 年 3 月份开始实施，目前第一、二期已完成投产，共计 110 座 7kW 充电桩，2016 年底完成全部的 200 座充电桩建设，2017 年计划再增建 200 座充电桩。

电动汽车某充换电站点全貌

外地游客自驾电动汽车游览江郎山风景区

五、效益分析

（1）该项目与传统汽油车相比，预计年减少消耗 240t 汽油，相当于减少二氧化碳排放量 280 万 m^3、减少二氧化硫排放 2t，减少烟尘排放 0.3t。

（2）截至 2016 年 6 月底，已累计投放电动汽车 110 辆，建成充电桩 110 个。以每辆车每天 100km 计算，110 辆传统汽油车耗油约 900 L，费用约 5400 元，年累计油费支出 198 万元。使用电动汽车后，每辆车每天耗电 11kWh，110 辆电动车年累计耗电 44.165 万 kWh，以一般工商业（1~10kV）单费率电价（0.8449 元 /kWh）为例，年电费支出为 37.3 万元，远远低于汽油支出的费用。

六、经验总结

（1）新能源是未来汽车行业的发展趋势。电能，甚至是太阳能、各种的清洁可再生能源将逐步深入到生活中，让绿色环保不仅仅是口号，不仅仅是企业看的见摸得着，不仅仅是专家才弄得懂用得来，而是在我们的生活中随处可见。这块市场有着许多的潜力，需要我们用心挖掘。

（2）由政府支持的项目有群众基础，适合普遍推广。

（3）需要不断跟新思路、拓宽视野，积极寻找电能替代的新途径。

七、推广前景

电动汽车是目前最具有推广前景的交通工具之一，因为我们正面临人口数量增多、石油资源紧缺、生态环境污染严重等现象，选择汽车的环保性、节能性将成为国家和百姓更加关注的指标，政府已经将充换电服务列入城镇与道路交通建设总体规划，并同步实施。因此，此项目非常具有推广意义。

案例 3　富阳造纸企业自备热电车间改大电网供电典型案例

一、案例摘要

项目名称	富阳造纸企业自备热电车间电能替代项目		
投资单位	各造纸企业、供电公司	技术类别	大电网供电替代自备电厂技术
业主单位	各造纸企业	竣工日期	2016 年 2 月
投资模式	用户自投	项目投资（万元）	441
项目年收益（万元）	112	静态回收期（年）	3.9
年替代电量（万 kWh）	18500	年增加电费（万元）	16280
年减少当地污染物排放量	节约标准煤 7.4 万 t，节约水 74 万 L，减少排放二氧化碳、二氧化硫等各类污染物近 81 万 t		

二、项目背景

杭州市富阳区自古以来就是闻名国内的造纸之乡。在现代造纸行业的鼎盛时期，富阳有近 500 家工厂、10 万从业者，造纸业税收可谓是当地财政总收入的半壁江山，是名副其实的"金山"，该区域的用电负荷密度也相对较高。2003 年开始，为了满足自身的用电需求，各造纸企业开始纷纷建设自备电厂，最多时，富阳境内有自备电厂 7 座，装机容量达 51MW。然而在这一繁荣的背后，却是富春山水的逐渐黯淡。2012 年，富阳区委、区政府提出"既要金山银山，更要绿水青山"的口号，同时，杭州市政府也将某纸业等 5 家装机容量小、能耗高的自备电厂纳入杭州市政府《2012 年淘汰落后产能（生产线、设备）名单》，经过与政府、企业多次沟通，政府发文要求其在 2015 年底前关停，共计容量 36MW。

三、技术原理及方案

① 技术原理

将原有使用自备热电车间发电模式转换为由大电网供电，减少了企业燃煤发电带来的大气污染、水污染。因企业孤网运行容量小，抗击冲击负荷能力差的情况，大电网技术有效增加企业供电可靠性，提高产品合格率。

② 技术方案

在现有电网网架结构下，尽最大可能满足客户接电需求，在电缆敷设路径、运行方式、受电装置容量、受电设备选型等方面积极为用户考虑，在业务办理上建立 5 家自备热电车间改造客户经理"一对一"上门服务机制，研究企业用电特性，测算成本收益，优化大电网改造供电方案，为各造纸企业提供最经济、最全面的供电方案。

③ 可行性分析

（1）大电网建设前置，实现外部供电可能性。5 家造纸企业均位于富阳区造纸工业园区。该区域由于造纸企业极为密集，用电负荷密度较高，新上主配网布点项目难以实施。面对自备电厂关停后供电能力不足的问题，国网杭州市富阳区供电公司提早研究对策，反复分析该区域网架结构及负荷情况，针对性制定电网改造整合方案，累计投入 5500 万元，先后完成 110kV 永春变电站投运、华共变电站 III 期增容、荷花变电站 35kV 间隔改造等项目，新增主网容量 5 万 kVA，新增及改造 10kV 及以上接入通道 6 条，有效保障了接电通道。

（2）社会用能方式转变，呼唤清洁能源。富阳区政府近年来不断调整产业结构，逐步关停、整合高污染、高耗能企业，提出"生活富裕、生命阳光"建设运动休闲富阳的口号，减少大气污染、水污染等工作迫在眉睫。造纸行业首当其冲面临着产业转型升级，特别是部分具有燃煤自备车间的造纸企业，燃烧煤炭会产生粉尘、二氧化硫、二氧化碳等对环境产生重大危害的污染物，造纸企业集中聚集的春江工业园区在面对众多造纸企业废气、废水排放后整个环境承载能力已达到极限，急需转变。

（3）降低企业运行安全风险，生产可靠性增强。自备热电站在孤网运行期间机组抗干扰能力较差，在大负荷冲击与小负荷频繁波动的情况下都会出现电压偏低或频率不稳的状况，直接影响产品成品质量及造纸机械设备的使用寿命。同时，负荷的快速变化将对汽轮机正常运行带来冲击，并出现锅炉频繁排气来控制频率的现象，长期运行存在较大的安全隐患及资源浪费。自备热电机组关停接入大网后，一方面减轻了企业的安全生产压力，改变了以往自备热电车间停产检修不能安排生产的状况，生产计划的安排将更加灵活，随时都可以根据产品需求的变化迅速调节产能；另一方面增加了企业生产的可靠性，随着电能质量的提高，成品质量将更加稳定，变频设备故障率也会明显降低，一定程度上降低了企业的生产成本。

四、项目实施

2015 年底 5 家自备电厂正式关停，为确保大电网接入工程顺利实施，2016 年 2 月 16 日，5 家企业自备电厂全部实现转接通电，累计新增用电容量 3.015 万 kVA，预计增加公司年度售电量 1.85 亿 kWh。

五、效益分析

① 增供电量与节约成本

5 家造纸企业年产白板纸 55 万 t，需要耗用电量 1.85 亿 kWh、蒸汽 82.5 万 t，自发自用期间每 t 用能成本在 365 元左右（如企业承担自发自用电量 0.05886 元 /kWh 的政府性基金，成本将增加到 385 元左右）。接入电力系统大网及园区热力管网后成本增加 34 元，达到 399 元 /t。今后，这批企业对打浆浆池改造后，用电的避峰能力将增强，用电成本将下降 10 元 /t，整体用能成本为 389 元 /t。在考虑企业承担自发自用电量政府性基金的情况下，自备热电联产造纸企业用能成本与其他造纸企业用能成本基本持平。

2 环境成本

从环境来看，电网增供部分相当于节约标准煤 7.4 万 t，节约水 74 万 L，同时为杭城的空气中减少排放二氧化碳、二氧化硫等各类污染物近 81 万 t。恰逢 2016 年召开了 G20 杭州峰会，自备电厂的关停替代无疑给杭州的环境提升推了一把助力，把富阳区造纸工业区这座金山逐渐变成了绿色用能，绿色生产的青山。

六、推广前景

在特高压电网建设的大背景下，除了提高输送环节的送电能力外，从受电端也要大力推广大电网供电替代自备电厂技术，通过大电网供电替代原有燃煤自备车间发电，有助于全社会改变现有的用能习惯，最终实现电能替代的全面推广。通过大电网供电，不仅解决了现有自备热电车间燃煤污染，而且提高了企业用电的可靠性，降低了企业产品的不合格率。

综上所述，大电网供电替代技术很好地解决了原燃煤锅炉安全隐患大，污染严重，卫生条件差等问题，为全社会实现电气化、自动化、智能化提供了重要坚强保障。

一、案例摘要

项目名称	绍兴袍江农业排灌改电排灌项目		
投资单位	沥海镇人民政府	技术类别	电排灌机
业主单位	沥海镇人民政府	竣工日期	2016 年 4 月
投资模式	用户投资	项目投资（万元）	57
项目年收益（万元）	4.73	静态回收期（年）	12
年替代电量（万 kWh）	9.312	年增加电费（万元）	3.91
年减少当地污染物排放量	直接减少标煤使用 1920t，二氧化碳、二氧化硫等污染物排放约 4900t		

二、项目背景

1　沥海农业排灌历史

绍兴沥海镇属亚热带南缘季风气候区，地形复杂，光、温、水地域差别明显，总趋势洪涝多于干旱，年平均日照小时为 1907.7h，年平均降水量在 1400mm 以上，年降水日 160 天，春季降水较多，夏季 6 月上旬至 7 月上旬为梅雨期，大雨暴雨较多，有洪涝。沥海镇拥有 13.3 余 km^2 海涂土地、33.3 余 km^2 耕地。

沥海镇是传统的农业镇，紧靠广阔海涂的有利条件，决定了沥海农业以淡水养殖等种类为主，2005 年以来，沥海镇共投入资金 2400 万元，建成标准弄条 11.4km^2，修建沟渠 519km，新建机耕道路 610km。

2　改造前用能系统状况及存在的问题

改造前使用柴油抽水机，以晨泰水泵（型号：DSU-100）为例。该设备以柴油作为燃料，环境污染比较严重，靠气缸中压缩后形成的高温亮压空气使喷入的雾状柴油燃烧膨胀而做功，噪声及振动较大，存在一定的安全隐患。

DSU-100 参数表

型号	DSU-100
口径	25mm
扬程	20m
电源	380V/50Hz
流量	90m/h
吸程	8m
功率	5.5kW
转速	2900r/min

3 电能替代的需求

替代前环境污染比较严重，柴油有泄漏污染水质的风险。排灌机改电，不仅能降低经营成本，而且能满足用户自身节能需求及政府环保要求，既节能减排又经济高效。

此次沥海镇三汇西南片地块的"旱改水"质量提升项目立项得到滨海新城管委会的批准，项目涉及新联、联谊、华平四个村，配套建设多条水渠，并配备十余台抽水机埠，通过将旱地改造为水田，提升土地资源质量。

三、技术原理及方案

1 技术原理

"电"就是用电动机带水泵，"排"就是抽水排涝，"灌"就是引水灌溉，电排灌是利用电力进行农业用水资源调配的水利设施。排灌的抽水泵是借动力设备和传动装置将水从低处升至高处的水力机械，按照不同的工作原理可分为容积水泵、叶片泵等类型，目前农田排灌中使用最多的是离心泵、混流泵和轴流泵。

2 技术方案

抽水泵是指具备一进一出的抽气嘴、排气嘴各一个，并且在进水处能够持续形成真空或负压；排气嘴处形成微正压，工作介质可为气体的一种仪器。

该项目采用 Y180m-4 及 Y200l-4 型号水泵，功率分别为 18.5kW 及 30kW，用能效率为 91.6%，四个地块的抽水泵投资金额为 16 万元左右。

四、项目实施

绍兴袍江农业排灌改电排灌项目由用户自主投资建设，该项目自启动以来，绍兴供电公司高度重视，迅速启动绿色报装通道，主动上门对接客户改造需求，实行专人全过程跟踪服务，客户经理指导用户开展用能优化分析，并加快业扩报装速度，在不到一个月时间内完成了项目送电及电能替代改造工作。

五、效益分析

项目一次性投资 16 万元左右，每天大概用 4h，用一季水稻 4 个月，额定功率 48.5kW，共四个项目，20kV 农业排灌电度电费为 0.4190 元，年运行费用 $=48.5 \times 4 \times 4 \times 4 \times 30 \times 0.4190 = 39017.28$（元）。

若要提供相同功率，需使用 65 匹柴油抽水机，按 0 号柴油价格 5.53 元 / L 计算，需支付柴油费用 $=5.53 \times 65 \times 0.5 \times 4 \times 4 \times 30 = 86268$（元）。

使用电排灌与柴油排灌相比，节约年运行费用 54.77%。

六、经验总结

（1）电排灌的推广已经得到了市场和用户的认可，目前该项目的推广工作已经形成良性的市场循环。

（2）加速用户的用电业务报装效率，提供绿色通道，提供个性化差异化服务等。

（3）遵循市场的选择，切实为客户服务，提高电能替代的竞争力。

案例 5 浙江省台州市某港埠总公司港口岸电工程典型案例

一、案例摘要

项目名称	浙江省台州市某港埠总公司港口岸电工程		
投资单位	浙江省台州市某港埠总公司	技术类别	港口岸电
业主单位	浙江省台州市某港埠总公司	竣工日期	2016 年 3 月
投资模式	用户自主全资	项目投资（万元）	2600
项目年收益（万元）	760	静态回收期（年）	3.4
年替代电量（万 kWh）	891	年增加电费（万元）	712.8
年减少当地污染物排放量	二氧化硫减排 31.18t、氮氧化物减排 53.46t、烟尘减排 95.34t、碳氢化合物减排 8.91t		

二、项目背景

1 替代前用能设备状况

（1）在采用港口岸电项目前，该公司的港口管理机械设备较复杂：散货轮船等均使用船上的柴油机发电；岸上的接驳、发货等设备有的使用市电的电力设备，也有的使用小型柴油机设备。2016 年 3 月采用港口岸电项目后，港口使用的设备主要有 AHZ1625（262kW）型号门机 2 台、AHQZ825（232kW）型号门机 2 台、DLQ16T 型号（60kW）电吊 2 台、BX1-315 型号（15kW）电焊机 3 台，设备总功率约为 1153kW。该港口用电设备年运行小时约 2700 h，年用电量约为 486 万 kWh。

（2）在采用港口岸电项目前，使用柴油机驱动，柴油价格约为 8000 元/t，按年消耗柴油 1841t 计算，年柴油费用约为 1472 万元。

2 替代前用能系统存在的问题以及电能替代的需求

（1）替代前用能系统存在的问题：柴油机的柴油消耗、运行维护等费用高；夏、冬季的柴油供应短缺；柴油机运行噪声大、污染物排放大，对环境影响大；柴油机不易操作，需要配置专业技师；柴油运输、存储等环节存在安全隐患。

（2）进行电能替代的需求及原因：该港口岸电的电能替代项目是政府政策引导、企业自身需要和供电公司积极推动等多方面共同作用的成果。

近几年来，各级政府部门对环境保护的政策宣传和引导，在社会得到积极反应，获得全社会的支持；椒江区供电公司积极贯彻、落实国网公司的电能替代方案，积极向用户推广港口岸电的利弊说明工作，让用户明白港口岸电工程的经济效益、环境保护等社会综合效益，得到用户的肯定。

三、技术原理及方案

1 技术原理

（1）港口岸电的技术原理为利用交流电动机，将电能转换为电动机的动能，进而驱动吊机等设备，实现将岸上和船上货物的吊装。

使用条件：附近有相应的供电线路等供电设施。

优点：运行、操作简单，运行费用低，无污染，低噪声，对环境影响小。

缺点：港口环节咸湿度偏高，需要对供电线路等设施进行防腐蚀处理。

（2）具体电能替代技术及原因：

具体电能替代技术：利用交流电动机，将电能转换为电动机的动能，进而驱动吊机等设备，实现将岸上和船上货物的吊装。

原因：用电动机替代高污染的柴油机，促进节能、环保、降低运行费用。

（3）电能替代技术的经济指标：1kWh 电度电价 0.8 元，柴油机同等能量所需费用约为 2.5 元。

2 技术方案

（1）按吊机、电焊机等设备的实际需求，配置相适应的电动机，按 1kW=1000.2783W 换算相应设备的额定功率，并做适应性调整。

（2）因该用电设备额定容量超过 1153kW，考虑在该用户内部新设一台 1800kVA 容量专用变压器，并建相应的配电房及配电设施。

3 可行性分析

（1）项目投资模式：用户自主全资，资金较为充足。

（2）考虑到港口的实际情况，能替代柴油机的只有用电方式，暂无其他方式对比。

（3）电气设备经过增容改造后，能完全满足用电需求。

（4）实施港口岸电后，能有效改善港口环境，消除废油、废气污染。

四、项目实施

1 项目实施流程

（1）协助用户做好项目整体方案。

（2）用户提出用电申请。

（3）用电方案编制、答复。

（4）用户按方案委托配电房土建和电气系统设计、安装施工。

（5）用电设备验收、调试。

（6）送电、运行。

（7）项目完成。

2 项目实施流程中应注意的重要问题

（1）因配电房位于码头附近，应注意基础加固，防止局部坍塌。

（2）供电线路和电杆，需要针对码头实际情况，做适应性改造。

（3）强化绝缘架空线和电缆的应用，避免漏电等安全事故。

（4）电气操作人员应经过专业培训，并持证上岗、操作。

3 项目工期

项目工期为 6 个月左右。

五、效益分析

（1）预计项目初投资金额约 2600 万元，包括变压器、配电设施及电动机；年运行费用预计为 712 万元，相比柴油机的运行费用 1472 万元，可以年节约费用 760 万元；收益率为 29.23%，静态回收期为 3.4 年。

（2）年减少污染物排放量：二氧化硫减排 31.18t、氮氧化物减排 53.46t、烟尘减排 95.34t、碳氢化合物减排 8.91t。

六、经验总结

（1）经验：近年来，全社会对环境保护的重视程度越来越高，企业和居民以实际行动支持环境保护事业；同时，供电企业的电能替代项目宣传也不可缺失，很多用户因为对电能替代政策不了解、怕手续麻烦等原因，未及时采用电能替代工程。

（2）亮点：椒江区供电公司工作人员自觉学习电气业务办理、电气设计安装工程、环境保护等专业知识，以详细的对比数据向用户说明电能替代工程的经济效益、环境保护等社会综合效益，让用户对电能替代工程有直观、感性体验，促进工程及时投运。

（3）成功经验：因该企业的港口码头作业特殊性，对生产连续性要求高、计划时间安排需严格执行，椒江公司为用户指定个性化服务，做好从用电申请受理到送电的全程服务，切实保障了用户的生产作业需要。

七、推广前景

（1）随着地方社会发展，政府和社会对港口环境保护的要求和标准日益提高，靠岸停泊的船只停止柴油发电机发电成为社会共识，为停靠船舶提供岸电上船服务成为港口企业的标配服务。

（2）近几年，海上"一带一路"蓬勃发展，港口运输业务量稳定提升、加上特高压建设成功消除了电力供应紧张局面，建设环境优美、清洁整齐的港口是众望所归。

（3）台州东部沿海六大港区建设已列入政府重点工程。随着港口建设的推进，岸电推广前景广阔。

（4）目前，第三方投资利益共享等市场化操作模式的日益成熟，岸电投资大的问题已得到有效解决。

案例 6　龙游某粮食服务有限公司热泵型谷物干燥机典型案例

一、案例摘要

项目名称	龙游某粮食服务有限公司热泵型谷物干燥机项目		
投资单位	龙游某粮食服务有限公司	技术类别	热泵型谷物干燥机
业主单位	龙游某粮食服务有限公司	竣工日期	2015 年 7 月
投资模式	用户自主全资	项目投资（万元）	304
项目年收益（万元）	76	静态回收期（年）	4
年替代电量（万 kWh）	24	年增加电费（万元）	34
年减少当地污染物排放量	节约 60.27t 标准煤，减少二氧化碳排放量 157.9t		

二、项目背景

1 替代前用能设备状况

龙游某粮食服务有限公司坐落在龙游县詹家镇某粮食生产功能区，是浙江衢州服务的知名企业，主要经营粮食机械化服务、农业技术推广。

最早粮食收获时，普遍是在公路上晒粮，利用人力资源及场地资源，对粮食进行晒干。伴随着农村改革的脚步，我国农业生产经营模式正在发生深刻变化，突出表现在种植大户、家庭农场、农民专业合作社等迅速崛起，粮食由过去分散在单个农民手中逐步转向集中在农业服务组织手中，随着市场需求迅速上升，烘干机市场快速迸发，于是该粮食有限公司转变观念，对粮食干燥机进行调研，通过供电企业电能替代的宣传推广及相关厂家的了解，对比了不同类型烘干机的优劣，并进行选择。

2 替代前用能系统存在的问题以及电能替代的需求

（1）晒粮增加了粮食的杂质，同时也降低了粮食的品质，处理能力也比较有限，加之近几年人工成本增高和晾晒场地紧张，在很多地区，粮食晾晒的成本远超从前。而因为气候原因导致来不及晒干或未达到安全水分造成霉变、发芽等损失的情况也屡见不鲜。

（2）燃烧型干燥机的干燥效率高低，很大程度上取决于燃烧室的好坏，因此，在烘干机操作过程中，必须对燃烧室、鼓风机和除尘吸尘设备加以特别的注意。需要经常做好设备的检查、维护和保养工作。此外，随着环境污染的日趋严重，政府对环保的要求也越来越高，而燃烧型干燥机增加了烟尘和二氧化碳的排放，加重对大气的污染。

为进一步完善粮食应急加工体系，树立粮食加工行业标兵，提升衢州市粮食应急加工能力，确保区域粮食安全。该粮食有限公司需要一种既能提高经济效益，又能符合节能环保要求的粮食烘干技术，于是经多方咨询，最终选定了由宁波某制冷设备有限公司研制的热泵型谷物干燥机。

三、技术原理及方案

热泵型谷物干燥机是由采用热泵技术研制出的热泵型干燥热风机和谷物烘干塔组成的。与传统的燃油型谷物干燥机不同的是，这款热泵型干燥机整个动力都以电力为输出，烘干时间为5~15h，烘干完成后自动停机，为农民在夜间烘干提供了便利。而在粮食干燥过程中，不会产生燃油型的二氧化碳，也不会在粮食上附着"笨并芘"等对人体健康有害的物质，更加绿色环保。

技术分析：热泵型谷物干燥机组是由两部分组成的：一是热源部分，为热泵型干燥热风机；二是塔部分，即主塔，包括烘道、谷仓、提升机、控制等。

热泵型干燥热风机用的热泵是采用多级加热，从进风到出风一次加热完成，然后把热风送到粮塔的烘干道中烘干粮食，不回风。它的要点就是一次加热直接送风和不回风。这就不用改变目前燃油烘干机的主要结构，很适合对其他烘干机进行改造。

热泵型谷物干燥机的特点：①一键式操作，只要按下"干燥"键整机就能自主运行；②热风出风温度和湿度设定好后就无需其他操作；③根据设定温度运行，热风出风温度控温精确，出风均匀、持续；④环境温度变化，出风温度不变化；⑤先吸湿后加热，热风更干燥，烘干质量更高；⑥不燃烧无排放，无人看守，安全可靠。

相关铭牌参数：型号 5HXRG-100，电源 3N ~380V、50Hz，容量（稻谷）10000kg/ 批，执行标准编号 Q/NBTH 010-2014，额定功率 37.28kW，外形尺寸 4222×3771×8300（mm）。

四、项目实施

1 项目实施流程

该粮食有限公司通过前期与当地环保部门、供电部门、粮食烘干机相关厂家的沟通咨询，确定本项目于 2015 年投入实施，并根据公司自身规模，于 2015 年 5 月份在龙游县供电公司申请新装 400kVA 变压器一台，2015 年 7 月完成全部施工送电，确保了热泵型谷物干燥机的安全可靠运行。项目投入运行以来，效果非常理想。有效地解决了公司之前粮食烘干中存在的问题，同时达到了节能减排的双赢目的。

2 项目工期

项目工期为 3 个月。

五、效益分析

（1）该粮食有限公司热泵型谷物干燥机项目年替代电量（新增售电量）24 万 kWh，年新增电费收入 34 万元，年节约运行成本 76 万元。

（2）通过热泵型谷物干燥机项目的改造和实施，预计年节约 60.27t 标准煤，年减少二氧化碳排放量157.9t。

（3）燃煤型干燥机与热泵型谷物干燥机对比情况。

燃煤型干燥机与热泵型谷物干燥机对比

种植农田规模（hm²）	粮食产量（t）	煤及生物燃料型干燥单位成本（元/kg）	热泵型干燥型单位成本（元/kg）	燃煤型干燥总成本（万元/年）	热泵型干燥总成本（万元/年）	热泵型烘干节省成本干燥总成本（万元/年）
33.33	325			3.9	1.625	2.275
100	975			11.7	4.875	6.825
200	1950	0.12	0.05	23.4	9.750	13.650
266.67	2600			31.2	13	18.200
333.33	3250			39	16.250	22.750

注　1. 柴油单价为7.5元/L。
　　2. 电费为0.728元/kWh。
　　3. 计算全部能源。
　　4. 粮食水分从30%烘干到13.5%。
　　5. 以烘干后粮食重量计算。
　　6. 气温平均为15℃。
　　7. 不计任何其他费用，只计煤费。

（4）燃油型干燥机与热泵型谷物干燥机对比情况。

燃油型干燥机与热泵型谷物干燥机对比

种植农田规模（hm²）	粮食产量（t）	煤及生物燃料型干燥单位成本（元/kg）	热泵型干燥型单位成本（元/kg）	燃煤型干燥总成本（万元/年）	热泵型干燥总成本（万元/年）	热泵型烘干节省成本干燥总成本（万元/年）
33.33	325			7.8	1.625	6.175
100	975			23.4	4.875	18.525
166.67	1625	0.24	0.05	39	9.750	30.875
266.67	2600			62.4	13	49.400
333.33	3250			78	16.250	61.750

注　1. 柴油单价为7.5元/L。
　　2. 电费为0.728元/kWh。
　　3. 计算全部能源。
　　4. 粮食水分从30%烘干到13.5%。
　　5. 以烘干后粮食重量计算。
　　6. 气温平均为15℃。

采用热泵型谷物干燥机会加大投资，以10t干燥机来对比，一般要比燃油型加大投资约30%。比如燃油型干燥机10t的约要12万~14万元/台，热泵型干燥机就要18万~20万元/台，但由于每台干燥机烘干次数越多节省烘干费越多，投资成本回收就越快，之后每年节省的烘干费用即可转化为利润，由于热泵的使用寿命有 10 年，又省去了设备的维护和保养的费用，所以用户只会减轻负担。

六、经验总结

（1）该干燥机 2015 年已列入国家农机补贴目录，已经有购机补贴（但热泵型谷物干燥机和常规燃烧型谷物干燥机的补贴是同等的）。农业生产越来越需要先进的工业技术和工业产品来推进农业和农机的现代化，如果能把热泵型谷物干燥机尽早地推广开来，可以使农民节约烘干成本，增加收益；对国家来说减少了对碳的消耗，减少了二氧化碳的排放，减少了对石化能源的依赖。

（2）由于热泵型干燥机是只用电的机器，比常规干燥机的耗电功率要大 4~5 倍。如果农户要安装多台，那就会出现电容量不够的问题，势必要加装变压器，增加前期资金投入。

七、推广前景

据统计，我国粮食烘干率在 10% 左右，我国粮食每年因霉变损失严重，而解决粮食霉变的最有效途径就是烘干。随着我国土地规模化经营成效凸显，越来越多的种粮大户和农业合作社意识到了粮食烘干的重要性，近年来，我国粮食烘干机市场持续发热，优质高效的粮食烘干机械深受市场和农民的青睐。

随着我国土地流转的不断深入，全国种粮大户与农业合作社不断涌现，以相对雄厚的资金实力，围绕规模化的经营，不断提升农业生产效率，在粮食走向市场前，烘干几乎成为必然的选择。热泵型谷物干燥机以其优良环保的特点、高质低耗的性能为我国粮食烘干产业带来了福音。

目前，市场上通过部级鉴定的热泵型谷物干燥机，享受国家补贴，相信在不远的将来，我国的粮食烘干设备会有更大的市场。

案例 7 杭州市某供电所电能替代及节能综合展示典型案例

一、案例摘要

项目名称	供电所电能替代及节能综合展示典型案例		
投资单位	国网浙江杭州市某供电公司	技术类别	碳晶采暖
业主单位	国网浙江杭州市某供电公司	竣工日期	2016 年 1 月
投资模式	企业自投	项目投资（万元）	110
项目年收益（万元）	32	静态回收期（年）	3.43
年替代电量（万 kWh）	12	年增加电费（万元）	6
年减少当地污染物排放量	节约标准煤 4.8 万 t，减少排放二氧化碳、二氧化硫等各类污染物近 12.5 万 t		

二、项目背景

国家电网公司为进一步推进电能替代及节能相关工作，要求在供电营业厅展示电能替代等新型产品，宣传电能替代和节能理念，打造一个电能替代及节能综合示范点。但目前供电所缺少一个综合性的示范点，没有新产品和技术展示，不能给用户直观的感受。因此，有必要在供电所营业厅等面向用户的场所，直观展示建筑楼宇电能替代和节能的相关产品方案，加深客户印象，推广电能替代和节能相关工作。

三、技术原理及方案

1 营业厅——红外碳晶采暖示范

远红外碳晶发热板采用高分子纳米半导体材料——碳晶为主要材料，配合环氧

供电营业厅全貌

树脂，高温高压合制而成。发热板在通电后，在电场的激励引发下，碳分子团产生"布朗运动"互相撞击，摩擦产生热能，生成大量的远红外线辐射。通电几十秒内产生 30% 传导热和接近 70% 远红外线辐射热（电热转换率可以达到 90% 以上），将热能传递给碳晶电热材料表面的覆盖物，2~4min 后发热体和隔热材料间达到热态平衡，以恒定的温度直接向取暖空间辐射。

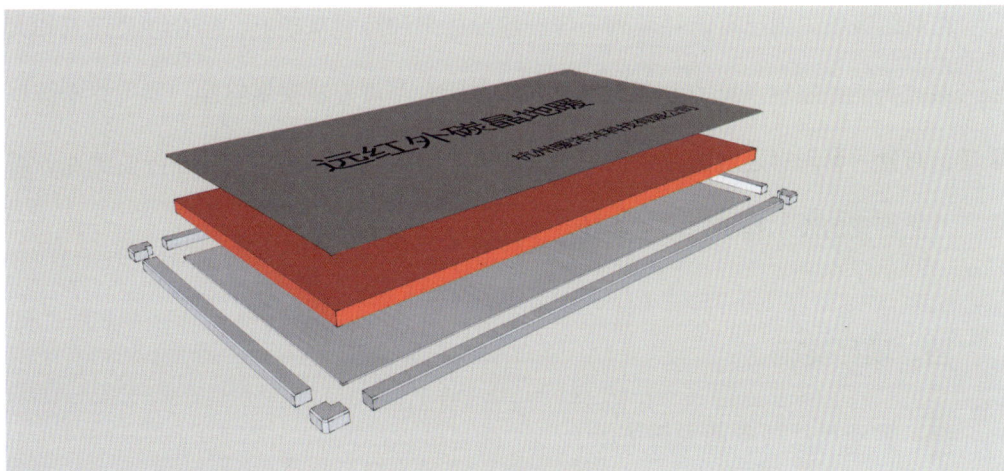

远红外碳晶地暖结构

2 厨房浴室——空气源热水器

空气源热水器被誉为"第四代"热水器，它通过采集空气里的热量用于制备工业和生活用热水，节能、环保。采用内置式风机盘管作为蒸发器形式，利用风扇的强制换热，使空气中的热能与盘管中的制冷剂交换热量后，制冷剂汽化，经压缩机压缩制热后，通过热交换器与水换热，达到供暖和供热水的目的。

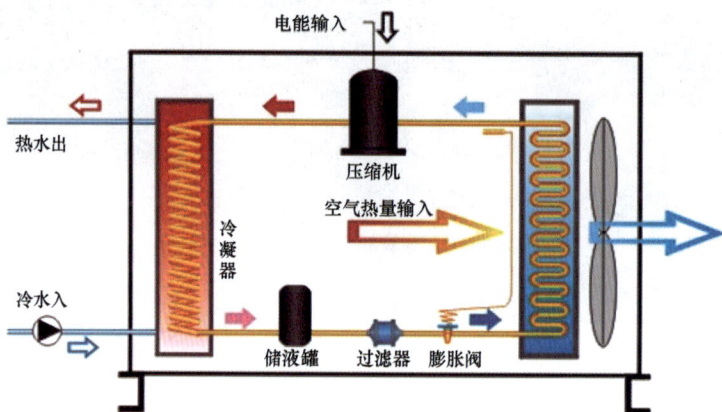

空气源热水器原理

3 屋顶光伏

太阳能因具有清洁无害、分布广泛等特点，越来越受到人们的青睐，太阳能光伏也成为当今分布式新能源发电的热点。

4 建筑能源管理系统

在总结吸收国内已有能耗监测系统的建设成果和经验基础上，结合办公建筑和大型公共建筑能耗监测系统的业务需求，在供电所几个点安装采集终端，通过终端数据采集，布置一套现有建筑能源管理系统，能够支持各使用群体对能耗在线监测业务需求，并能直观的展示楼宇的相关能耗。

四、项目实施

1 营业厅红外碳晶采暖安装

某供电所营业厅建筑采暖面积为 263m^2，采取分区供暖的方式，共 10 路分为 4

个采暖区域，分别为工作区 2 路、洽谈区 2 路、客户区 4 路、书写区 2 路，每个区域每一路均可单独控制。另有一块移动式墙暖采暖展示板。本地暖工程的耗热量为 36.5kW。供暖方式采用低温地面辐射供暖方式。

红外碳晶采暖区域分布

该供电所营业厅层高有 6m 左右，空调为对流加热达不到效果，假如室外温度在零度以下空调加热为辅助加热，还有需要除霜，正常工作要接近 1h。采用远红外碳晶地面采暖由下而上，地面温度起来后再带动室内温度，正常使用 1h 后温度达到 18~20℃（相当于空调 25℃左右）。一天工作 8h，温控控制实际工作才 3h。正常客流量较小的情况可以选择关闭洽谈区、自助区和客户区，分区域开启更节能。

2　厨房浴室空气源热水器安装

某某供电所安装 4t 保温水箱 1 台、3t 保温水箱 1 台、JNK-406/G-B 型空气源热水机组 2 台、采热循环泵，控制单元及管道和管道配件组成。

3　屋顶光伏安装

此次项目安装地点为杭州某某供电所营业厅屋顶。屋顶结构为混凝土结构类型屋

保温水箱和空气源热水机组

面。根据当地气象数据及最大化发电量分析，屋面光伏方阵采用24°倾角敷设的安装方式，装机位置位于混凝土屋面，总装机容量36kWp。

光伏安装情况

4　能效监控平台数据采集

红外碳晶采暖、空气源热水器、光伏等加装能效采集终端，能效采集终端通过GPRS数据传送回服务器，通过营业厅液晶屏进行展示。

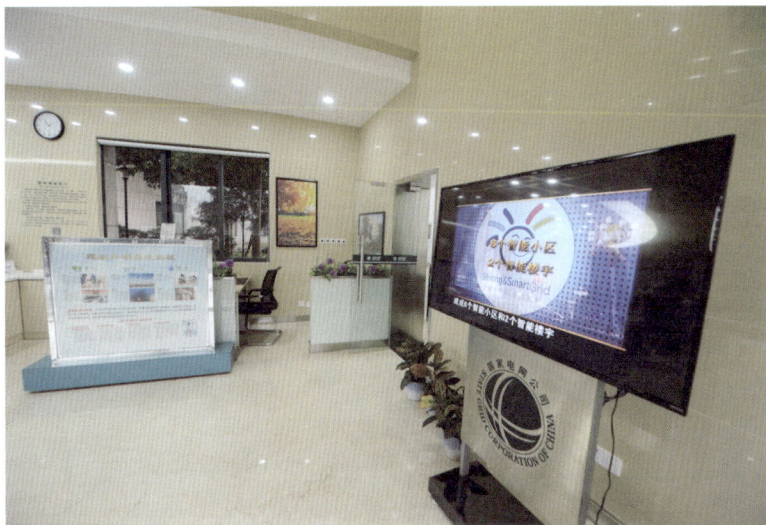

营业厅展示

五、效益分析

该项目共投入 110 万元，其中营业庭红外碳晶采暖约 10 万元、厨房浴室空气源热水器约 8 万元、屋顶光伏约 56 万元，相关装修和配电设备改造费用约 36 万元。投入使用后，每年节约了人力成本 32 万元，效率更高，环境也更环保。

六、推广前景

通过营业厅电能替代及节能综合示范工程建设，使供电所建筑本身起到电能替代和节能的效果，介绍远红外碳晶采暖、空气源热水器和光伏等新产品和技术，更能通过直观的展示，推动全社会电能替代和节能工作。

第六章

商业模式创新

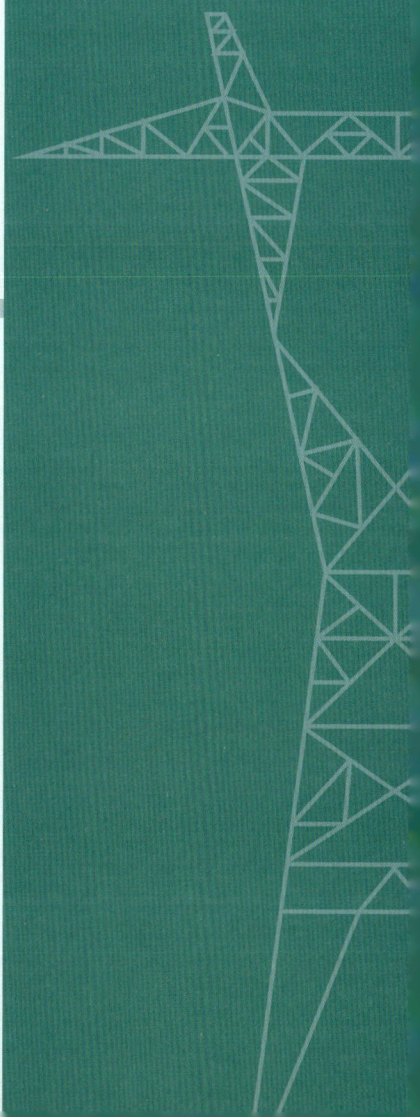

案例 1 　杭州某食品有限公司"煤改电"设备租赁模式典型案例

一、案例摘要

项目名称	杭州某食品有限公司煤锅炉改造典型案例		
投资单位	桐庐电力开发有限公司	技术类别	煤改电
业主单位	桐庐某食品有限公司	竣工日期	2016 年 6 月
投资模式	设备租赁	项目投资（万元）	5.7
年租赁费（元）	5415	年运维费（元）	365
租赁设备	S-13400 变压器一台	旧设备回收	S-11 315 变压器一台(1.3 万元)
年替代电量（万 kWh）	35	年增加电费（万元）	31.5
合作模式	用户出资改造厂区内生产设备，电力集体企业出资改造配电设备，采用设备租赁的方式每年收取租赁费用和运维费用，租赁满 10 年后，用户支付 5% 残值，产权即可归属用户所有		

二、项目背景

市场背景：电能替代推进过程中除技术因素外，最主要的就是企业的一次性投资问题。让企业在正常生产的前提下进行大额投资，来实现微薄的利益目标，存在非常大的难度。鉴于企业对投资风险的担忧和短期资金面临的困难与压力，在推进电能替代的过程中应积极探索第三方合作的方式，寻求解决企业困扰的方法，从而实现项目的顺利实施。

公司背景："设备租赁"推动电能替代的想法来自于桐庐县供电公司 2016 年十大重点课题中的《电力体制改革背景下的电力营销工作——加快推进公司电能替代》。该课题从 2016 年 3 月份开始命题，经营销、运检、财务、物资、集体企业等多个部门的研究探索，在 5 月份完成了课题正文和六大子方案，共计四万余字的编制工作。公司领导在课题评审中明确指出，要将集体企业"设备租赁及业务多元化发展"的内容作为今后几年的攻坚重点。

三、项目选点及企业介绍

行业的选择：电能替代项目当前状况是政府选择性支持（仅仅关注节能环保相关项目），企业积极性不高。桐庐县供电公司选择食品加工业的煤改电为突破口，一方面满足了政府"大气污染防治"政策的要求，另一方面也满足了食品企业迎接卫生检查的需求，符合各方利益。同时，2016 年在桐庐县供电公司的努力下县经信出台了《关于加快实施电能替代的意见》，明确要求在食品加工业中开展小容量锅炉电能替代工作。

企业的选择：经过筛选，桐庐县供电公司先后联系了四家有改造潜力的农产品加工企业，由于资金实力等因素的不同，两家选择了自行改造，一家选择不改造，最后一家（简称食品有限公司）对设备租赁业务兴趣浓厚，进入项目洽谈合作阶段。该食品有限公司是市级的食品加工龙头企业之一，年产值 1.2 亿元，主打肉类产品的烘干、烧烤。之前企业生产以燃煤为主，对工人的技术经验要求较高，同时也经常受到环保部门和食品卫生部门的检查和警告。2015 年该食品有限公司的年用电量为 125.89 万 kWh，主要供电设备是 315kVA 的配电变压器一台。桐庐县供电公司选择该食品有限公司作为设备租赁试点的理由有三：第一，该食品有限公司是农产品加工龙头企业，具有行业代表性；第二，该食品有限公司受到了来自政府各部门的检查压力，改造需求强烈；第三，该食品有限公司设备改造涉及范围较小，企业主和供电公司的一次性投资都不大，在试点阶段可以有效降低集体企业的投资风险。

该食品有限公司电炉现场

四、业务模式的建立

1 合作方式的确定

通过前期的探索，电能替代如果仅仅停留在供电公司和用户两家单位的合作上，效果甚微。所以在电能替代推进过程中，我们以引入第三方合作的方式为抓手，通过政府、电力公司、企业、合作单位四家单位共同努力，既满足了政府政策导向的需求，又减少了用户一次性投资，同时也为第三方企业获利打开了新的窗口，能够实现多赢，而实现四方合作的最佳途径是设备租赁业务。

2 工作流程设置

设备租赁根据工作内容的不同划分为两大过程，相关工作流程设置如下：

（1）业务洽谈流程。具体流程如下：①供电公司与地方政府沟通，争取地方政府政策支持；②政府部门向企业宣贯，对电能替代提出具体要求；③供电公司在政府要求后，主动和企业对接，提供合理化建议（该过程是工作重点，需要多次的洽谈）；④供电公司将企业需求信息提供给集体企业，集体企业针对性的编制方案、预算；⑤集体企业与用户进行项目洽谈，直至合作协议签订。

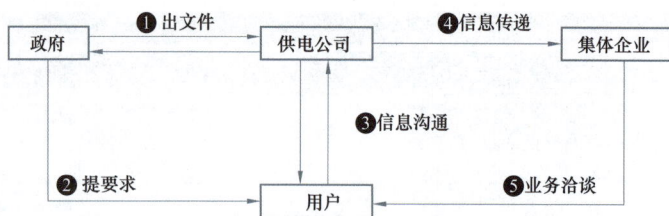

电能替代项目洽谈流程图

（2）项目建设流程。该项目在 2016 年 5 月份开始洽谈,6 月份集体企业编制方案,同时发策部、运检部、江南供电所等开展外部配套电网建设项目讨论,7 月 6 号签订协议,7 月 11 号内外部工程同时完工通电。

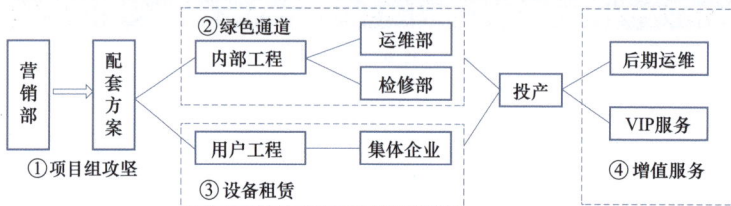

电能替代项目实施流程图

具体流程如下：①营销部作为电能替代主推部门，在项目洽谈到有合作意向时，开展项目配套方案的编制工作；②涉及公司内部工程建设改造的，根据公司《加快推进电能替代课题》的要求，由运检部和发策部按照《电网配套推进电能替代的工作方案》和《建立电能替代业扩配套"绿色通道"的工作方案》进行项目实施（该食品有限公司租赁业务从协议签订到正式通电仅有 6 天时间，验证了绿通道的可行性和高效性）；③涉及集体用户工程的，由集体企业根据公司《集体企业关于推进电能替代的工作方案》中的电能替代租赁业务实施；④设备投产后，供电公司建立替代用户一户一档，集体企业负责后期的运行维护，营销部等其他部门负责提供 VIP 等客户增值服务。

3 重点解决的问题

（1）业务资质问题。首先在课题研究时，我们就开展了内部业务核查，尤其是针对租赁业务的经营资质进行了咨询与核对，确保我们能够开展此类业务。

（2）税收等财务处理问题。营改增之后，税收相关政策有了较大的调整，其中租赁业务根据内容不同有着不同的税率。此项过程中，集体企业和用户财务必须对税收进行对接和明确，尤其是开票形式和差额洽谈工作必须得到双方认可。

（3）旧设备回收利用问题。用户设备改造后，一般都会涉及配电变压器增容，某企业接受改造的前提是旧设备回收。桐庐县供电公司集体企业为此也专门针对旧设备回收事宜进行了专题研究。确定了旧设备回收的基本要素，如设备型号、运行状况、折旧标准、后期使用范围等。在确定旧设备能够被公司再利用的前提下，继续推进业务洽谈（目前旧设备主要指配电变压器）。

（4）设备租赁期限及租金问题。桐庐县供电公司以省公司财务规定的配电变压器折旧年限为基础，推出三个档次的设备租赁期限。其中，十年期的，每年租金为工程造价（含利润）的9.5%，租满十年后，用户支付5%的残值即可实现资产移交；五至十年的，年租金在十年期的基础上上浮5%；不足五年的，在十年期的基础上上浮10%。同时为了降低风险，租赁第一年必须预先缴纳两年的保证金。

（5）设备运维及其他权益问题。设备租赁期间产权归集体企业所有，同时集体企业负责设备的运维，并收取年度运维费。为了防止用户使用不当造成的设备损坏，租赁协议中对使用规范和相应的权责进行了明确和规定。

五、租赁模式的优点及推广前景

电能替代租赁模式的推出，符合当前的发展形式，解决了部分电能替代工作中的棘手问题。主要优势有以下几个方面：

（1）解决了用户资金投入压力问题。电能替代工作不同于其他业扩工程，其他工程是用户主动提出需求，在有资金准备的前提下开展的；而电能替代则是我们建议用户改造，往往缺乏充足的资金。而设备租赁业务的推出，用户在前期可以通过少量的资金进行设备的升级改造，大大提升了替代工作的可行性。

（2）解决了用户旧设备处理问题。电能替代租赁业务的常态化，使得我们可以将用户的配电变压器进行循环利用，用户原有的旧设备可以得到有效地消化，再次降低了投资成本。

（3）解决了设备使用中的后顾之忧。租赁模式最为吸引用户的地方是桐庐县供电公司及集体企业的增值服务。首先我们承诺设备运维，用户每年支付非常有限的费用便可以得到集体企业全方位的运维服务，不用担心设备故障给企业生产带来的损失；其次是桐庐县供电公司对于开展电能替代设备租赁的用户，每月进行用电情况分析，提供优化用电建议，对企业电工开展免费的上门培训业务，让用户有 VIP 的体验。

（4）可以复制并大范围推广。虽然桐庐县供电公司目前的设备租赁仅限于配电变压器及辅助实施，但是该试点的成功，标志着将可以对其他用户工程等进行模式的复制，从而彻底打开替代市场。今后，随着业务资质的拓展，我们可以与其他电能设备制造企业合作，最终成为集生产设备、配电设备、安装运维一体的替代模式，真正实现行业龙头的工作目标。

六、下阶段打算

以设备租赁业务为抓手，依托主业和政府，发挥租赁业务一次性投资小的特点，助力主业抢占电力市场，完成年度目标任务。通过业务模式的创建和固化，建立和完善集体企业电能替代业务体系，形成独立的商业化运作模式，参与广泛的市场竞争，最终形成集体企业引领桐庐区域电能替代业务的新局面。

下阶段桐庐县供电公司主要以企业协会为突破口，一方面对现有成果进行包装宣传，编制成操作手册，另一方面积极和县经信合作，大力宣传电能替代对于政府节能减排、企业健康发展的重要意义及商业模式的实施，建立起常态化推进的工作模式。同时公司和集体企业还将进一步优化租赁业务模式，细化内容，提升规范。

案例2　杭州某纺织有限公司合同能源管理模式典型案例

一、案例摘要

项目名称	杭州某纺织有限公司电能替代（电力增压技术/电力空压机）项目		
投资单位	浙江某清洁能源有限公司	技术类别	电力增压技术/电力空压机
业主单位	杭州某纺织有限公司	竣工日期	2016年2月
投资模式	用户自主全资	项目投资（万元）	109

二、项目背景

近年来，政府大力推进块状行业整治提升，是企业转型升级的必然要求，作为整治提升的重点行业织造，技改成为其主要的出路之一，但是短期资金压力困扰着企业的发展。作为有着强烈社会责任感的央企，供电公司积极探索新型商业模式，推进电能替代工作市场化运作，合同能源管理既可以解决企业短期资金压力，又推动了电能替代项目的实施。

三、项目选点及企业介绍

根据萧山区经济特点、经济政策导向、企业经营形势，结合国网公司电能替代新领域新技术（电力增压技术/电力空压机），公司选择了纺织行业作为探索新型商业模式的试点行业。供电公司联合浙江某清洁能源有限公司，对辖区内的所有纺织企业的调研，确定有空压机改造意向的杭州某纺织有限公司作为试点。试点原因：①某纺织有强烈的空压机改造意愿；②某纺织对空压机改造要求较高，浙江某清洁能源有限公司符合某纺织技术要求；三是某纺织企业生产形势较好，符合浙江某清洁能源有限公司相关经济需求。

四、业务模式的建立

1 确立合作模式

以前电能替代仅仅停留在供电公司和企业两家单位的合作上，供电公司为企业量身定制供电方案，在用电上解决用户后顾之忧，企业根据供电方案申请增容，这就使得企业短期资金压力较大，为了解决这一瓶颈，公司引入第三方企业进行合作，通过电力公司、企业、合作单位三家单位共同努力，实现了三家共赢的良好局面，电力公司实现增供扩销，企业其保证了生产，又解决了短期资金压力，第三方企业获得了相应的经济利益。实现这一良好局面的最佳模式，也是政府大力倡导的新型合作方式，即合同能源管理模式。

2 设置工作流程

合同能源管理是以减少的能源费用来支付节能项目成本的一种市场化运作节能机制。节能服务公司与用户签订能源管理合同、约定节能目标，为用户提供节能诊断、融资、改造等服务，并以节能效益分享方式回收投资和获得合理利润，可以显著降低用能单位节能改造的资金和技术风险，充分调动用能单位节能改造的积极性，是行之有效的节能措施。

根据合同能源管理模式的相关要求，其流程如下：

（1）能源审计：节能公司针对用户的具体情况进行能耗水平的测定。

（2）改造方案设计：在能源审计的基础上，向用户提供项目改造方案的设计，包括项目实施方案和改造后节能效益的分析及预测，使用户做到"心中有数"，以充分了解节能改造的效果。

（3）谈判与签署：在能源审计和改造方案设计的基础上，节能公司与客户进行节能服务合同的谈判。

（4）项目投资：合同签订后，进入节能改造项目的实际实施阶段。

（5）服务：根据合同，项目的施工由节能公司负责。节能公司负责对用户的相关人员进行培训。

五、合同能源管理模式的优点及推广前景

电能替代合同能源管理模式的应用，符合当前国家相关政策，合同能源管理模式享受财政奖励、营业税免征、增值税免征等优惠政策。合同能源管理模式的推广解决了部分电能替代工作中棘手的问题。主要优势有以下几个方面：

（1）减轻企业项目融资压力。节能服务公司通过同类项目的开发和大量"复制"提高项目运作能力，降低项目成本；并且节能项目的资金偿还来自节能项目本身产生的节能效益，减轻了企业实施节能项目的融资压力。

（2）解决了企业的后顾之忧。通过专业化的节能公司按照"合同能源管理"方式为客户企业实施项目，不仅可以帮助众多用能企业克服在实施项目时所遇到的障碍，包括项目融资障碍、节能新技术 / 新产品信息不对称障碍等，还可帮助企业全部承担或者部分分担项目的技术风险、经济风险和管理风险等。

（3）可复制性、推广性强。企业不用资金投入，即可完成节能技术改造，还可分享项目的部分节能效益；合同结束后，节能设备和全部节能效益归能耗企业；节能公司为企业承担技术风险以及一定的经济风险。基于上述特点合同能源管理模式可操作性、复制性、推广性强通过该模式，为电能替代推广打开市场。

六、下阶段打算

下阶段萧山公司与区节能协会纺织分会联手，以政府政策为导向，依托合同能源管理模式，推进电能替代，达到增供扩销目的。

截至2016年5月,公司以合同能源管理模式完成电能替代项目1项,在谈项目2项。

嘉兴某水上服务区岸电改造综合商业模式典型案例

一、案例摘要

项目名称	嘉兴某水上服务区岸电改造典型案例		
投资单位	浙电节能服务有限公司	技术类别	内河岸电
业主单位	嘉兴市港航管理局	竣工日期	2016 年 7 月
投资模式	第三方投资	项目投资（万元）	60
项目年收益（万元）	16	静态回收期（年）	3~5
年替代电量（万 kWh）	31.54	年增加电费（万元）	28.16
年减少当地污染物排放量	年减排二氧化碳 236.55t		

二、项目背景

船用岸电技术是指船舶在停泊码头期间停止使用辅机，而改用岸上电源供电，从而获得其泵组、空调、冷藏、通风、照明、通信和其他设施所需电力的一项技术，主要有节能、减排、减噪三大效益。近年来，作为减少船舶停靠岸期间排放的技术手段，船用岸电技术已受到国内外的高度重视，国务院颁布了《大气污染防治行动计划》《水污染防治行动计划》，交通运输部颁布了《建设低碳交通运输体系指导意见》，国家能源局印发《配电网建设改造行动计划（2015—2020）》，都提出推广岸电，减少污染排放。2016 年 3 月 30 日，浙江省人民政府办公厅印发了《浙江省船舶排放控制区实施方案》（浙政办发〔2016〕37 号），在浙江的海域和内河水域控制排放目标，鼓励船舶靠港期间优先使用岸电，引导港口企业建设岸电和船舶使用岸电。

嘉兴内河水运发达，全市拥有航道里程 1957.25km，航道密度约 50km / 百 km²，通航里程、航道密度均列全省第一。2015 年完成水路货运量 8526.43 万 t，货物周转量 155.22 亿 t /km，分别在全社会综合交通体系中占 46.19% 和 59.02%。全市拥有营运货船 3532 艘，113.64 万载重吨，平均吨位达 321.74t。嘉兴内河港是交通部公布的全国 28 个内河主要港口之一，2015 年完成港口货物吞吐量 8586 万 t，全市拥有内河码头泊位 1661 个，嘉兴内河港多用途港区完成集装箱中转量 18.45 万标准箱，对于推广内河岸电来说有着天然的条件。

但是，在电能替代推进过程中发现，目前政府部门对内河岸电并没有实质性补助，岸电项目建设也没有统一的标准，项目一次性投入比较大，码头业主对项目投资存在疑惑，短期内也缺乏资金推动。所以，在推行电能替代的过程中应积极探索第三方合作的方式，通过多次联系沟通最终确立由节能公司出资建设岸电设施，从而实现项目的顺利实施。

三、项目选点及企业介绍

2016 年嘉兴供电公司和浙电节能服务有限公司对嘉兴市境内的港口、服务区进行多次走访，了解港口船舶岸电应用现状以及岸电推广过程中存在的相关问题，如各方岸电建设意愿，大规模推广过程中涉及的技术方案、投资问题等。最终经过综合考虑，选定在嘉兴芦花荡水上服务区开展省内首个内河水域标准化岸电项目建设。

嘉兴某水上服务区位于杭申线航道、乍嘉苏线、湖嘉申线航道交汇处，通过这些航道与京杭运河、杭湖锡线、东宗线等航道连接，可连通杭州、上海、苏州等城市，是长三角地区内河水上主通道，船舶航行密度大。芦花荡水上服务区设计停靠岸线共计 380m，总用地 5.53 万 m²，设有综合服务大厅、加油站、修理车间及回收站等水运服务配套设施。可同时停靠船舶 26 艘，进入服务区水域修整、待货、停泊的船舶日均在 40 艘左右，年均 1.5 万艘左右，水上服务区停靠的船舶大都是国内船且数量稳定，用电频率与我国电网频率一致。船舶停靠时燃油发电机持续运行，产生了巨大能源浪费以及环境污染。

替代前柴油发电导致现场污染严重

四、项目建设内容

该项目共建设 9 套一体化岸电装置，包括 7 套 2×8kVA 单相低压岸电桩和 2 套 2×20kVA 三相低压岸电桩，总容量为 192kVA。同时，配有后台运营管理系统，能实现多类型船舶的智能用电监控、船岸互动和计量缴费一体化服务；一体化岸电桩具有标准化接口和完善的硬件保护功能、远程通信及数据交互功能，可进行人机交互、刷卡接电。

五、业务模式的建立

1 合作方式的确定

经过前期调查走访，内河岸电仅由供电公司及码头业主合作，不能有效推动项目落地，因此在电能替代推进过程中，我们引入浙电节能公司作为项目投资方，共同参与。

2016 年 6 月 8 日，浙电节能公司、嘉兴市港航管理局、嘉兴供电公司共同签订了《嘉兴某水上服务区岸电建设项目合作协议》，建立战略合作关系，设立"一对一"人员联系网络，定期召开例会，共同推进嘉兴芦花荡岸电项目建设，打造"岸电惠民"工程。

2 三方分工

浙电节能公司：落实项目所需设备建设资金；制订项目建设方案；制订技术方案，施工图设计委托、项目建设施工队伍落实及施工管理；岸电运营管理系统的开发；相应设备与材料的采购；建设项目验收、调试；项目投入运行后，项目运行的日常安全巡检、维护保养；项目运营工作人员业务培训等工作。

嘉兴市港航管理局：提供岸电建设项目所需场地；配合建设单位施工现场管理；做好岸电桩日常看护；落实人员代售充值卡工作；指导船员按规定使用岸电。

嘉兴供电公司：按规定具体办理项目建设过程中相关手续；根据项目需要对相关电网设施进行改造升级（包括电力增容，进线电源、电缆铺设等工作）；在实施过程中，负责与市政部门进行协调。

3　项目建设

芦花荡岸电项目自 2016 年 6 月开始启动，7 月 27 日正式通电投运。嘉兴供电公司由营销部牵头，为用户开通绿色通道，简化办理程序，实行客户经理"一对一"全程引导，实施从办电到报装的"一站式"服务。全力配合做好电力配套工程，第一时间安排电网配套项目改造，充分保障岸线项目的用电需求。项目竣工后，当天组织人员开展验收工作，技术人员依据施工图纸对现场施工与设备安装工艺等进行了仔细检查，在确保用电安全可靠的前提下，用一个月时间完成了整个芦花荡岸电项目的送电，真正做到了用户满意。

岸电桩

岸电接头

4　重点解决的问题

（1）船民安全接电使用问题。因此次某水上服务区是浙江省内采用标准化岸电设施的首例，对广大船民来说是个新兴事物，如何指导船民快速掌握设备使用技巧，使其安全顺利的享受岸电服务是需要解决的首要问题。对此，首先在船民办理岸电充值卡时通过《岸电业务办理告知书》对其进行一次性的告知，包括费用收取、安全注意的事项等。同时，发放《岸电使用手册》普及岸电技术，以图文形式向船民介绍岸电桩的使用流程，并安排人员进行一次现场的使用指导。此外，对于容易影响岸电设备使用的注意事项，我们在售卡处的上墙资料、岸电桩的显眼位置均进行了二次告知。通过多项措施的共同实施，使得船民能够安全舒心的享受岸电带来的福利。

（2）岸电充电服务收费问题。由于内河岸电在浙江并无明确的物价文件规定相关费用的收取，省内又无可参考的案例，所以收费问题成了一大难题。经过多方探讨，最终确定参照电动汽车收费模式，即电费＋岸电服务费的形式对船民进行收费，定价为 1.40 元 /kWh，如政府出台相应的指导价，则按政府指导价执行。

（3）日常运营问题。芦花荡水上服务区岸电设备采用刷卡接电模式，服务区船流量大，过往船只停靠后要接电需先办理岸电充值卡，这就要求有人长期在服务区办理售卡、充值业务，由于岸电桩的资产归节能公司，而节能公司缺乏能够长期驻点的营销人员。为此，由嘉兴供电公司牵头，经过三方友好协商，在当地港航部门的大力支持下，确定由港航管理局负责委托服务区的物业公司进行日常安全运营，浙电节能公司编写"岸电日常管理工作内容单"，并安排专人对现场岸电管理人员进行专业培训，确保岸电业务正常开展。

（4）开票问题。由于部分船民需要开具收据、发票，而现场只是一个简单的售卡点，不具备直接开票能力。为此，我们特地在《岸电业务办理告知书》增加开票信息一栏，让客户在办卡时提供公司名称、税号、开户银行等开票信息，由现场工作人员录入系统，原则上节能公司每月统一集中开具发票，发票金额按充值卡实际消费金额开出。

（5）现场设备运维问题。岸电桩的日常安全巡查、维护、巡检及简单故障的处理均委托服务区物业代为开展，但涉及电力专业相关的问题，现场人员由于不是专业出身无相关资质，所以由节能公司委托嘉兴公司集体企业开展，集体企业每周安排人员进行一次定期的电力安全巡查，对紧急的电力故障进行实时抢修。

六、租赁模式的优点及推广前景

某水上服务区岸电项目为浙江省内首个内河水域标准化建设项目，项目通过三方合作模式，解决了用户出资难、岸电建设不规范、岸电建成后缺乏管理、岸电使用安全没有有效保障等一系列内河岸电电能替代推广工作中的棘手问题，真正形成了一套可推广、可复制的内河水域标准化岸电模式。

项目作为省内首次将岸基供电设备运用于水上服务区，通过岸基供电设备的应用，基本消除船舶靠泊期间有害气体的排放及自备发电机组运行产生的噪声污染，减小噪声扰民问题，改善服务区及周边城区环境质量。此外，接入岸电还节约了船舶自身发电的燃油费用和设备维护费用，具有重大的经济效益和社会效益。经测算，服务区使用岸电后，船上的用电成本节约了 0.3 元 /kWh，年消耗柴油减少了 78.85t，年减排二氧化碳 236.55t，具有广阔的应用推广前景。

七、下阶段打算

岸电替代是一项利国利民的好举措，下阶段，还将与浙电节能公司、港航管理局深入交流，进一步总结芦花荡水上服务区的成功经验，制定港口船舶岸电系列标准、船舶岸电接口技术标准，促进国家港口岸电系统技术标准的制订和智能电网技术在港口船舶岸电项目中的应用，使港口船舶岸电规范化发展。并以此为契机，积极与政府进行沟通，争取政府出台港口岸电建设补贴、港口岸电建设推广等文件政策。